これからの介護・福祉事業を担う経営“人財”

介護福祉経営士テキスト

実践編 I

介護福祉財務会計

強い経営基盤はお金が生み出す

戸崎泰史

JMP 日本医療企画

● 総監修のことば

なぜ今、「介護福祉」事業に経営人材が必要なのか

介護保険制度は創設から10年あまりが経過し、「介護の社会化」は広く認知され、超高齢社会の我が国にとって欠かせない社会保障として定着している。この介護保険制度では「民間活力の導入」が大きな特徴の1つであり、株式会社、社会福祉法人、NPO法人など多岐にわたる経営主体は、制度改正・報酬改定などの影響を受けつつも、さまざまな工夫を凝らし、安定した質の高いサービスの提供のため、経営・運営を続けている。

しかしながら、介護福祉業界全般を産業として鑑みると、十分に成熟しているとは言えないのが現実である。経営主体あるいは経営者においては経営手法・マネジメントなどを体系的・包括的に修得する機会がなく、そのため、特に介護業界の大半を占める中小事業者では、不安定な経営が多くみられる。

安定的な介護福祉事業経営こそが、高齢者等に安心・安全なサービスを継続して提供できる根本である。その根本を確固たるものにするためにも体系的な教育システムによって経営を担う人材を育成・養成することが急務であると考え、そのための教材として誕生したのが、この『介護福祉経営士テキストシリーズ』である。

本シリーズは「基礎編」と「実践編」の2分野、全21巻で構成されている。基礎編では介護福祉事業の経営を担うに当たり、必須と考えられる知識を身につけることを目的としている。制度や政策、関連法規等はもちろん、倫理学や産業論の視点も踏まえ、介護福祉とは何かを理解することができる内容となっている。そして基礎編で学んだ内容を踏まえ、実際の現場で求められる経営・マネジメントに関する知識を体系的に学ぶことができるのが実践編という位置付けになっている。

本シリーズの大きな特徴として、各テキストの編者・著者は、いずれも第一線で活躍している精鋭の方々であり、医療・介護の現場の方から教育現場の方、経営の実務に当たっている方など、そのフィールドが多岐にわたっていること

が挙げられる。介護福祉事業の経営という幅広い概念を捉えるためには、多様な視点をもつことが必要となる。さまざまな立場にある執筆陣によって書かれた本シリーズを学ぶことで、より広い視野と深い知見を得ることができるはずである。

介護福祉は、少子超高齢化が進む日本において最重要分野であるとともに、「産業」という面から見ればこれからの日本経済を支える成長分野である。それだけに日々新しい知見が生まれ、蓄積されていくことになるだろう。本シリーズにおいても、改訂やラインアップを増やすなど、進化を続けていかなければならないと考えている。読者の皆様からのご教示を頂戴できれば幸いである。

本シリーズが経営者はもとより、施設長・グループ長など介護福祉経営の第二世代、さらには福祉系大学の学生等の第三世代の方々など、現場で活躍される多くの皆様に学んでいただけることを願っている。そしてここで得た知見を机上の空論とすることなく、介護福祉の現場で実践していただきたい。そのことが安心して老後を迎えることのできる社会構築に不可欠な、介護福祉サービスの発展とその質の向上につながると信じている。

総監修

江草安彦
社会福祉法人旭川荘名誉理事長、川崎医療福祉大学名誉学長

大橋謙策
公益財団法人テクノエイド協会理事長、元日本社会事業大学学長

北島政樹
国際医療福祉大学学長

(50音順)

はじめに

会計的な視点からの経営が
事業者間競争のスタートライン

これまで、介護サービスの主な担い手は地方公共団体などでありましたが、介護保険制度の導入に伴い地方公共団体から民間事業者・NPO法人などにその役割は引き継がれることになり、多くの介護事業者が市場に参入してきました。

少子高齢化の進展により、今後も介護事業に対するニーズは高まっていくものと考えられ、最近では、他業種から介護事業へ多角化を図るケースも散見されるなど、市場に参入する事業者は今後もまだまだ増加していくものと予測されています。このことは、各事業者間での競争が激しくなっていくということにもつながります。

このような厳しい環境においては、他の事業者との差別化を図り、利用者に選択してもらう必要がありますが、差別化などの対策を検討する前に、経営者としてしっかりとした経営を行っていくことが、まず重要になってきます。そのためには、会計的な視点から経営を考えていくことは必須となります。しかし、「会計」という言葉を聞いただけでも尻込みをしてしまう経営者の方も多いのもまた事実です。

「会計学」というひとつの学問があるように、会計とは非常に奥深い世界となっています。本書では基本中の基本の部分を、できるだけ具体的な事例を交え、読者の皆様が頭の中でイメージしやすくなるようにしながら、「会計」をできるだけ意識しなくても済むように、ポイントを押さえていこうと考えています。本書の内容が、皆さんの事業の経営に少しでもお役に立てれば幸いです。

戸崎 泰史

CONTENTS

第1章

介護事業者の特徴

1 介護事業者になるには

2 介護サービス事業における人員基準

3 介護事業者の特徴

4 金融機関から見た介護事業者

1 介護事業者になるには

はじめに

これから、介護事業者についていろいろと考えていくことになりますが、まず、介護保険法における介護サービスを提供する介護事業者になるために必要なことについて見てみます。

まず、介護事業者になるためには、都道府県知事や市町村長が指定した事業者になる必要があります。

では、事業者に指定されるためにはどうすればいいのでしょうか。役所の窓口に、「介護事業者になります」と立候補しに行けばいいのでしょうか。なかなかそう簡単にはいきません。

この指定を受けるためには、介護サービスの種類と事業所ごとに決まっている要件を満たすことが必要になります。要件は、以下のとおりです。

ア　原則として、事業者が法人であること
イ　人員基準を満たしていること
ウ　運営・設備基準、施設基準に従って適正な運営ができること

要件によっては、地域ごとに基準も異なっていますので、実際の申請については、事前に、地方自治体の関係部署に確認をしながら行うことになります。

例えば、2006（平成18）年4月の介護保険法改正に伴って、認知症高齢者や中重度の要介護高齢者などの方々が、住み慣れた地域での生

活が継続できるように創設したサービス体系に「地域密着型サービス」があります。

これは、従来都道府県知事の指定(許可)が必要であったサービスを、市町村が地域の実情に合わせて、介護事業者の指定や監督を行うことになりますので、これから始めようとする介護サービスによって相談する地方自治体は変わってくることになります。

2 介護サービス事業における人員基準

1 人員基準とは

「はじめに」のなかで挙げた3つの要件のうち、「人員基準」は介護サービス事業の特徴的な要件でもありますので、ここでもう少し詳しく見ていきます。

例えば、通所介護施設を始めようとした場合（施設の定員によって若干異なりますが、定員11人以上とします）で考えてみましょう。

この施設を始めようとするならば、次の職種の方を配置する必要があります（地域によって基準は異なります）（**図表1-1**）。

図表1-1●通所介護施設の人員配置基準

職　種	要件・配置人数
管理者	・資格要件は特になし ・専ら管理の職務に従事する常勤の者　1名
看護職員	・看護師または准看護師 ・提供時間を通して、専ら当該通所介護の提供にあたる者　1名以上
介護職員	・資格要件は特になし ・提供時間を通して、利用15人まで1名以上、それ以上5またはその端数を増すごとに1名を加えた数以上
生活相談員	・社会福祉士、介護福祉士など ・提供時間を通して、専ら当該通所介護の提供にあたる者　1名以上
機能訓練指導員	・理学療法士、作業療法士、言語聴覚士、柔道整復師など ・専ら当該通所介護の提供にあたる者　1名以上

*介護職員または生活相談員のうち1名以上は、常勤でなければならない。
筆者作成

介護サービスの内容によって人員基準は異なってきます（**図表1-2**）が、事業を始めようとするとこの人員基準を満たす必要があります。

図表1-2●主な介護サービスの人員配置基準

人員配置の目安（○は必須又は条件のあるもの）	訪問介護	短期入所生活介護	認知症対応型共同生活介護	小規模多機能型居宅介護
代表者			○	○
管理者	○	○	○	○
医師		○		
介護支援専門員			○	○
看護職員		○		○
介護職員	○	○	○	○
生活相談員		○		
機能訓練指導員		○		
栄養士		○		

筆者作成

必要な職種の中には、資格要件があるものも含まれており、費用という観点で考えると、専門職の方を雇用するにはそれなりの給与・待遇が必要となりますので、人件費の負担は大きくなります。

具体的なイメージをしていただくため、次の指標を見てください（**図表1-3**）。介護サービス事業は、他の業種に比べて売上に対する人件費の割合が高くなっていること、また、介護サービス事業の種類によっても違いがあることがおわかりいただけたかと思います。

図表1-3●介護サービスと他職種の人件費対売上高比率

（単位：%）

介護サービス	訪問介護	69.8%
	通所介護施設	61.1%
	有料老人ホーム	45.9%
他職種	卸売業	15.8%
	小売業	18.9%
	飲食店・宿泊業	34.6%

出所：「小企業の経営指標2010年版」日本政策金融公庫総合研究所

他の業種と顕著な違いが出るのは、売上の状況には関係なく、提供する介護サービスの種類や利用者数によって、最低限配置すべき人員

(「人員基準」) が定められていることが要因の1つでしょう。

収益の面から考えると、「人員基準」がある以上はできるだけ利用者を確保した方がよいわけです。つまり、介護職員を事例に考えてみると、利用者が15人でも介護職員が1名、利用者が1人でも介護職員が1名となりますので、どちらのケースが多くの収益をあげられるか、答えはすぐに出るかと思います。ただし、これを追求しすぎれば、サービスに対する利用者の満足度にも影響が出てきますので、実際の運営にはバランスをうまく図ることが必要になるでしょう。

3 介護事業者の特徴

1「施設系」と「訪問系」

介護事業サービスにはさまざまな種類があり、その特徴ごとにグループ分けすることができます。ここでは、自社の施設に住んでもらいながら、または、自社の施設にサービスを必要とする利用者に来てもらい介護サービスをするグループと、自社の職員がサービスを必要とする利用者を訪問してサービスを行うグループに分けて、その特徴について考えていきたいと思います。

1つ目のグループは、自社の施設がポイントとなりますので「施設系」、もう1つのグループは、訪問がポイントになりますので「訪問系」と呼ぶことにします。

2「施設系」の特徴

「施設系」の介護事業者は、「介護老人保健施設」、「指定介護老人福祉施設」、「通所介護事業所（デイサービス）」、「通所リハビリテーション事業所（デイケア）」などが該当します。

「施設系」の介護事業者は、事業を始める段階で多額の設備資金を投入する必要があります。例えば、都市部で50人以上を収容できる介護老人保健施設を、土地の取得から建物の建設まで行おうとすれば、必要な金額は間違いなく億を超える相当なものになるでしょう。

そして、その資金をすべて自己資金でまかなうのはなかなか困難でしょうから、金融機関をはじめ、協力者の方などから資金調達をします。加えて、調達しなければいけない資金も多額になることが想定されますので、それだけの資金調達を可能とする、緻密な事業計画であったり、事業者自体の信用力であったり、担保であったりなどのさまざまな条件を満たす必要があります（例えば、経営の母体が地元でも有数の病院で、地域での信用力もあり、資産も潤沢に保有しているなど）。

もちろん、施設の規模によっては設備投資額を抑えることもできるのでしょうが、それにもある程度限界はありますので、参入にあたって設備投資が多く必要になる介護サービスほど、参入できる事業者は限られてくるでしょう。

つまり、参入に対する障壁があるといえますので、事業者間の競争は次に紹介する「訪問系」と比較して穏やかといえるでしょう。

3「訪問系」の特徴

「訪問系」の介護事業者は、「訪問介護事業所」、「訪問入浴介護事業所」、「訪問看護事業所（訪問看護ステーション）」などが該当します。

「訪問系」の介護事業者は、前述した「施設系」の介護事業者と異なり、設備に大きく依存するタイプではありませんので、事業を始める段階での、初期の設備投資はある程度抑えることができるわけです。

例えば、訪問介護事業を始めようとした場合で、事務所は自宅の一部を活用して事務所確保にかかる費用負担を抑え、移動用車両も中古車で確保するなどして、開業時の設備投資の初期投資を徹底的に抑え込めば、数百万円の資金で事業開始までこぎつけられるかもしれません。

つまり、「施設系」と比較すると、うまく工夫すれば、開業当初にトータルで調達できる資金が少なくても開業にこぎつけられますので、そういう面では、「訪問系」の介護事業へ新規に参入する障壁は低く過当競争が起きやすい要素があるともいえるのです。

もちろん、そのような厳しいと考えられる状況でも、他の介護事業者とうまく差別化を図り、順調に運営している介護事業者がいるのもまた事実です。

ここまで説明した、人員基準や「施設系」と「訪問系」の初期投資の違いを、まとめて図で示すと以下のようになります（**図表1-4**）。

図表1-4●施設系サービスと訪問系サービスの違い

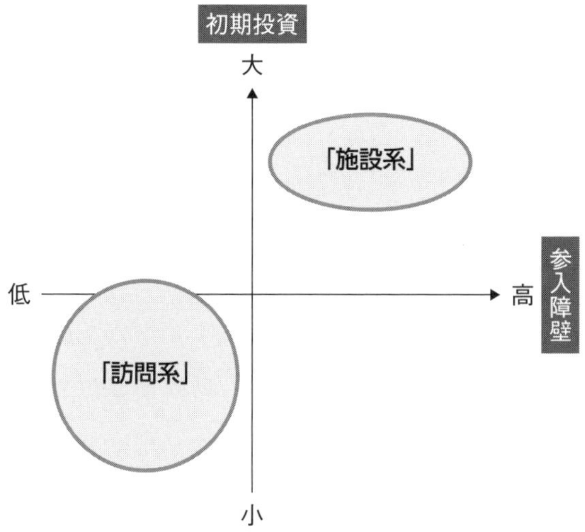

筆者作成

4 金融機関から見た介護事業者

1 プラスマイナス両面がある介護事業者

介護事業は、介護保険行政の動向によって経営環境は大きく変化します。つまり、介護サービスに対する介護報酬は3年に1度、国による改定が行われることから、介護事業者の収益基盤は、事業者自身の努力だけでは何ともならない面があります。また、昨今の厳しい国の財政事情を勘案すれば、今後も既存の介護事業者にとっては厳しい改定が続くのではないかと予想され、これは介護事業のマイナス面といえるでしょう。

確かに、収入の大半は介護保険による収入となりますので、収益基盤から見れば不確定要素となります。しかし、報酬の回収という観点から見るとどうでしょうか。

正当なサービスをきちんと行い、正しく介護保険の請求を行えば、貸倒れ(いわゆる「不良債権」)が発生することはありません。これは他の業種、例えば、卸売業、製造業、建設業などと比較すれば圧倒的に有利なポイントになります。

他の業種においては、取引先の信用調査は取引を継続していくうえでとても重要なものですが、実際に信用調査というのはそれほど簡単にできるものではありません。例えば、民間の調査会社にいざ依頼するとなれば、費用も時間もそれなりに費やすことになります。このような、回収の悩みを抱える必要がないのは、経営者にとって精神的余裕を生むはずです。

金融機関から見ても、回収に対する信用リスクを考慮しなくてすみますので、介護事業のプラスの面といえるでしょう。

　また、介護を利用する高齢者の方は、みなさんもよくご存知のとおり少子高齢化が急速に進んでいる状況ですので、「市場」という観点でみれば有望であるともいえます。これはプラス面の１つともいえます。ただ、有望な「市場」であればあるほど魅力的な「市場」なわけですから、新規の参入者が増えるといった面も見逃せないところです。

まとめ

　総じて、事業者間の過当競争、収益基盤の脆《ぜい》弱性は否めませんので、介護事業者に対する見方がバラ色だとはなかなか申しあげられません。しかし、他の介護事業者との差別化により収益基盤に特徴を持たせるとともに、利用者（入居者）を確保することで、強固な経営基盤を作り上げられれば、金融機関の印象を大きく変えることが可能です。金融機関の不安を取り除き、よりよい関係を構築することが重要でしょう。

問題 1 次の文章で正しいものに○、誤っているものに×をつけなさい。

①介護サービス事業は一般の業種に比べて人件費の割合が高い。

②「訪問系」の介護事業は、「施設系」と比較すると新規に参入する障壁が低く、過当競争が起こりやすい。

③介護事業は行政の動向によって経営環境が大きく変化するため、事業者自身の経営努力は必要ない。

④金融機関から見ると、介護サービス事業は回収に対する信用リスクを考慮しなくてすむというプラス面がある。

解答 1

①：○　②：○　③：×　④：○

解説 1

①介護サービスには人員基準が定められており、介護サービス事業を運営するためにはその基準を満たす必要がある。なかには資格要件があるものも含まれているため、専門職であれば給与・待遇も必要となり、人件費の負担は大きくなる。

②「施設系」の介護事業者は、土地の取得から建物の建設など多額の費用が必要となり、金融機関等からの資金調達も必要となる。「訪問系」は設備に大きく依存するタイプではないため、初期の設備投資をある程度抑えることもできるため、「施設系」と比べると参入する障壁は低く、その分過当競争が起きやすいといえる。

③介護サービスに対する介護報酬は3年に1度改定が行われるため、介護事業者自身の努力だけでは何ともならない面があることは事実であるが、だからこそ強固な経営基盤を築き、行政の動向に惑わされないよう、経営努力を常に行っていくべきである。

④介護サービス事業では正当なサービスを行い、正しく介護保険の請求を行えば貸倒れ（不良債権）が発生することがなく、他の業種と比べると有利なポイントになる。

第2章

会計の基礎と資金調達

1 会計

2 資金調達先

1　会計

1 会計とは

介護事業者をはじめ事業を営む者が、その事業を進めていくうえで営業活動の状況を会計的にまとめていくものに「企業会計」があります。そして、「企業会計」は、「財務会計」と「管理会計」に分類することができるでしょう（**図表2-1**）。ここでは、この「財務会計」と「管理会計」の2つに加えて、「決算書」について見ていくことにします。

図表2-1●企業会計の分類

- 会計
  - 財務会計
  - 管理会計

2「財務会計」とは

介護事業を進めていくうえで、株主や債権者（金融機関や取引先など）など外部の利害関係者が多数存在します。それらの利害関係者に対し、自らの事業が、どのように行われ、どのような結果となったかを説明する場面が出てくるでしょう。

例えば、金融機関に対して融資を申し込む場合や、外部の出資者に支援を受けている場合などには、会計の資料を求められることになるでしょう。

そこで、一定のやり方に従って作成した会計の資料で、説明していくことになってきます。この、提供する会計情報が、「財務会計」になり、つまり、外部向けの資料を作成していくということになるわけです。

外部の利害関係者に理解してもらう必要があるため、事業者自らが独自の基準に従って勝手に資料を作成してしまっては外部の利害関係人には何の資料なのかわからなくなってしまいますので、一定のやり方に従って作成する必要があります。

3「管理会計」とは

利害関係人は、外部だけではなく内部にも存在します。経営者や部門の管理者といった人たちです。これらの人々が、経営内容を管理運営していくうえで参考となる会計情報が「管理会計」で、つまり内部向けの資料ということになります。

「財務会計」との決定的な違いは、「財務会計」が外部の利害関係人が資料を確認した時に内容がわかるよう一定のやり方に従って作成するのに対して、「管理会計」の資料は、あくまで内部用であることです。つまり、外部の利害関係人の目を気にする必要はありませんので、内部の経営の管理に役立つのであれば、どのような形式であっても、どのような指標を用いても構わないわけです。

2 資金調達先

1 資金調達先とは

資金調達先は、大きく2つに分けることができます。1つは、筆者が所属する日本政策金融公庫や福祉医療機構などの公的金融機関、もう1つは、皆さんもよくご存じの、銀行、信用金庫、信用組合などの民間金融機関になります（**図表2-2**）。

地方自治体の制度融資は、資金的な性格からいくと公的金融ともいえそうですが、実際の借入手続きは民間金融機関が窓口となることが多いので、ここでは民間金融機関からの調達に分類することにします。

図表2-2●資金調達先の分類

資金調達先
- 公的金融機関（日本政策金融公庫、福祉医療機構）
- 民間金融機関（銀行、信用金庫、信用組合など）

2 公的金融機関

公的金融機関は、政府が国の政策などを実現するために、法律に基づいて設立された金融機関になり、政策を実現するために、比較的低利で、長期の返済が可能なことが大きな特徴になります。

また、法律に基づきますので、法律には機関設立の目的が示されています。例えば、日本政策金融公庫の場合、このように明記されています。

第一章 総則
(目的)
第一条 株式会社日本政策金融公庫(以下「公庫」という)は、一般の金融機関が行う金融を補完することを旨としつつ、国民一般、中小企業者及び農林水産業者の資金調達を支援するための金融の機能並びに(中略)当該必要な金融が銀行その他の金融機関により迅速かつ円滑に行われることを可能とし、もって我が国及び国際経済社会の健全な発展並びに国民生活の向上に寄与することを目的とする株式会社とする。

法律なので、慣れない方にはわかりにくいかもしれませんが、簡単にいってしまいますと、「民間の金融機関を補完し、事業者の方の資金調達を支援する」ということになります。

例えば、介護事業の場合、NPO法人で事業を行う方は、民間の金融機関で資金調達をすることは難しいのが現状です。ここで、民間金融機関の補完を旨とする日本政策金融公庫の出番になります。2011(平成23)年度には、NPO法人で介護事業を行う方に373件28億64万円の融資を行っております。

また日本政策金融公庫の国民生活事業では、介護事業者の方に2010(平成22)年度は2,826件261億円の融資を行っています。

名前は聞きなれず、公的金融機関なので敷居が高い印象を受けますが、多くの介護事業者の方に利用されていますので、一度相談をしていただくのもよいかもしれません。

3 民間金融機関

民間金融機関は、公的金融機関と異なり民間の資本で事業が運営されている機関になります。また、その性質から、銀行、信用金庫、信用組合、証券会社などさまざまに分類されます。

公的金融機関でいえば法律にあたるものは、民間金融機関では何になるでしょうか。一番近いものは、「経営理念」になるでしょう。公的金融機関と比較すると、例えば、銀行などのATMでお金を預けたり、窓口に公共料金を払い込みに行ったりと、みなさんの日常生活でも利用されている、身近に存在している金融機関ともいうことができます。

4 公的金融機関と民間金融機関の違い

2つの金融機関の間で、違いはなんでしょう。もっとも顕著なのは、融資にあたっての条件面になるでしょう。融資の際の適用金利を事例から見てみます。

公的金融機関は、先ほども説明しましたが国の政策目的に沿って資金面から支援を行いますので、例えば、AさんとBさんの2人の介護事業者がいた場合、同じ資金の使いみちで同じ制度を利用して、担保などの条件が同一であるならば、AさんとBさんの適用金利に違いは出てきません。

一方、民間金融機関の場合、公的金融機関とは異なりAさんとBさんの適用金利が必ずしも同一になるとは限らないのです。つまり、金融機関と介護事業者の当事者同士が話をする中で決定していく(「相対取引」ともいう)ことになります。

例えば、「Aさんは良好なお客さんをいつも紹介してくれているので、前回よりも低い金利で対応しよう」、「Bさんは、今回初めての取引になるので信用保証協会の保証を付けて金利も少し高くしておこう」など、事業者ごとに条件が決まっていくことになります。公的な金融機関に比較すると、個別の条件差は出やすいことになります。違いの概要をまとめたものを**図表2-3**に示します。

図表2-3●金融機関の分類

	公的融資		民間融資	
	日本公庫（旧国金）	福祉医療機構	国内銀行（1行あたり）	信用金庫（1金庫あたり）
金利	低	かなり低	低～中	中～高
審査期間	1カ月	2～3カ月	1～2カ月	
保証協会	不要		必要な場合が多い	
創業資金	○		△	
平均融資残高	634万円	1億5千万円	8千万円	3千万円
融資先企業数	103万企業	2万企業	1万5千企業	4千企業

※実際とは異なる場合があります。
筆者作成

まとめ

公的金融機関と民間金融機関には違いがありますが、事業を進めていくうえで金融機関のバックアップは欠かせないものです。

どの金融機関を選択するかは介護事業者の判断となりますが、どちらにせよ、金融機関と良好な関係を築くことが重要になります。この点については、第5章でもう少し詳しく見ていくことにします。

確認問題

問題1 以下の文章の（　）に、適切な言葉を記入しなさい。

⑴企業会計は（①）と（②）に分類することができる。

⑵資金調達先は、（③）と（④）の２つに大きく分けることができる。

解答 1

①：財務会計　②：管理会計　③：公的金融機関
④：民間金融機関

解説 1

(1)企業会計は、株主や債権者等、外部向けの会計情報である「財務会計」と、内部向けの会計情報である「管理会計」に分類される。「管理会計」は外部の利害関係者の目を気にする必要がないため、どのような形式であっても、どのような指標を用いてもよい。

(2)資金調達先は、日本政策金融公庫や福祉医療機構等の公的金融機関と、銀行や信用金庫、信用組合等の民間金融機関の２つに分けられる。公的金融機関は、比較的低利で長期の返済が可能。民間金融機関の場合、事業者ごとに条件が決まるため、個別の条件差が出やすい。

第3章

事業資金と資金繰り

1 設備資金

2 運転資金

1 設備資金

1 設備資金とは

介護事業者が事業を進めていくうえで、さまざまな資金需要が発生することになります。本章では、資金需要を設備資金と運転資金の2つに分けて考えていきます。

設備資金とは、介護事業者が事業を行っていくうえで必要となる固定資産等を取得するための資金をいいます。例えば、老人保健施設の運営者が施設の土地を取得して建物を建設したり、通所介護施設で既存の設備が老朽化したことにより設備の取り換えを行ったりなど、その目的や使いみちなどによってさまざまなケースが考えられます。

主な目的は、業務の拡大、新分野への進出、取り換え・更新などがあり、主な使いみちは、事務所・施設（土地を含む）、機械設備、営業用車両、什器などがあります。

2 設備資金の妥当性

設備を導入するにあたっては、多額の資金を必要とする場合も多く、以下の観点から具体的な妥当性を十分に検討していくことが必要となります。

①導入する設備の機能や、設備投資額が妥当なものであるか？　自社の実力と合っているか？

②事業の拡大を伴う場合、拡大に伴う人員の手当てなどの検討がなされているか？
③導入する設備により、十分な設備投資効果は得られるか？

ここで、具体的な事例（通所介護施設）をもとに考えてみましょう。

通所介護施設を運営するＡさんは、開業して3年が経過し運営も軌道に乗ってきたことから、以下の新たな設備投資にそれぞれ500万円ずつかけ、実施していくことにしました（必要資金は、自己資金と金融機関からの借入金で半分ずつ賄う）。

ア　施設内の内装を一新する工事費用（内装は開業時から大きな改装を行っていない）
イ　送迎用の車両を新車に更新（既存の車両はまだ使用可能である）

まず、それぞれの投資がＡさんの通所介護施設にとって妥当なものなのか、Ａさんの施設の実力に合ったものなのか、前述の①の視点から検討していくことが必要になります。

開業して3年間が経過していますから、内装が傷んでいたり、車両も古くなってきているとは思いますが、内装を一新したり、車両を更新しなければならない差し迫った理由はあるのでしょうか。設備投資が妥当なものなのか、本当に必要なのか、十分に検討する必要があるでしょう。

また、3年を経過し事業が軌道に乗りつつあるとはいえ、必要額の半分の借入をしてまで設備投資を行う効果はあるのかどうか、冷静に見極めて設備投資の実施を考えていくわけです。つまり、設備投資を行うにあたっては、多方面からその必要性や妥当性を吟味していく必要があります。

続いて見ていきます。Ａさんは、当初検討していたアとイの設備投資をとりやめ、施設利用者の増加を図るため送迎用車両の増車を検討することにしました。この場合はどうでしょうか？

現時点の、送迎用車両の稼働状況を確認しておくことはもちろんですが、施設利用者が増加する見込みはきちんと立っているという前提で話を進めます。言い方を変えれば、このような点が明らかになっていなければ、送迎用車両増車の設備投資が妥当かどうか（前述①の視点）にそもそも疑問が生じてしまいます。

送迎用車両を増車するわけですから、それを運転し乗降を補助する職員が当然必要になってきます。例えば、Ａさんの施設が、余剰人員のいないギリギリの職員数で事業を運営していれば、仮に車両を増車できたとしても、車両を運転する職員がおらず設備投資が無駄に終わってしまうのです。利用者の増加を見込んだ設備投資であるのなら、設備投資（車両導入）と併せて職員増員を行う必要があるかについても、検討（前述②の視点）を行う必要があります。

また、職員の方を確保し車両を導入できたとしても、施設利用者が増加しなければ設備投資が無駄になるばかりでなく職員を増加させた分の人件費等の負担も重くのしかかってくるだけになりますので、検討（前述③の視点）を行う必要があります。

事業の拡大を伴う設備投資を行う際には、設備投資による人員の確保は必要ないのか、設備投資の効果は認められるのか、といった点などについて、多面的に検討を行っていくことが重要になります。

さらに、介護事業の形態によっては、開業初期の段階で高額の設備投資が必要となるケースも多いです。

この高額な設備投資を借入金などによって賄った場合、その返済負担などで資金繰りが苦しくなり企業の存亡にかかわることもあります。

設備導入後の収支予想や設備投資の必要性を十分に踏まえ、慎重に設備投資の計画を考えていく必要があります。

2 運転資金

1 運転資金とは

運転資金とは、事業者が営業を行っていくうえで必要となる諸経費の支払いなどに使われる資金をいいます。例えば、介護事業の場合、飲食店などのような現金商売(その場でお金のやり取りを行う)ではありませんから、行った介護(サービス)の対価である介護報酬の9割は、実際の介護(サービス)を行ってから2～3カ月先にならないと入金はされてきません。

しかし、介護報酬が入金されるまでの間にも、職員の方の人件費や施設の家賃などの支払期日はどんどんと到来してきますので、入金と支払いの間にはギャップが生じ、これを埋める資金が必要になってくるわけです。

また、営業を支障なく続けていくためには、前述したギャップを埋めるために必要な資金はもちろんのこと、突発的な資金需要に備えて一定の資金を保有するケースも考えられます。実際にあった老人ホームでの事例ですが、月末締めで翌月末の支払い条件で食材を納めてもらっていた卸業者が急遽廃業することになり、代わりの業者を何とか見つけたものの、取引当初は週ごとに代金の精算を求められ、手元にも余裕資金がなかったため、資金繰りに非常に苦労されたそうです。

自分自身には問題はなくとも、周囲の状況の変化で予定していた資金繰りに支障をきたすこともありますので、運転資金を確保することは事業を円滑に進めていくうえでとても重要になってきます。

2 運転資金と資金繰り

また、運転資金と資金繰りの両者は密接に関連しますので、ここで資金繰りについて見ていくことにします。

4月から事業を開始した介護事業者で、介護報酬を毎月300万円得て、人件費等の経費が200万円かかっているとします。

4月から6月までの推移は以下のとおりとなります(**図表3-1**)。

図表3-1●4月から6月までの推移

	4月	5月	6月
(収入)介護保険報酬	300万円	300万円	300万円
(支出)人件費等	200万円	200万円	200万円
収支	100万円	100万円	100万円

この表だけで判断すると、この介護事業者の収支状況はどのように見えるでしょうか。毎月、100万円収支がプラスで、非常に順調な状況にあるように見えます。

では、実際の資金繰りという視点からこの介護事業者を見ると、どのようになるでしょうか。

前提条件を、さらにいくつか追加設定し考えていきます。介護報酬は、月末締で翌々月末に入金、職員の給与等は毎月25日払いとします。また、自己負担分はここでは考慮しないものとします。

まず、収入面から見ていきましょう。介護報酬は300万円となっていますが、実際の入金はいつになるでしょうか？

前提条件で末日締めの翌々末日払いとしていますから、4月分が入金になるのは翌々月末です。つまり6月末日にはじめて銀行の口座に入金され、この介護事業者はお金を自由に使えるようになるのです。

今度は、支出の面から見てみましょう。給与等の支払いは25日払いとしていますから、4月25日に200万円の支払いを行う必要があります。当たり前のことですが、介護報酬が入金されるのが6月末日だからといって、職員の方や取引先の方にそれまで給与や代金の支払いを待ってもらうわけにもいきません。そんなことをしては、職員の方からも取引先の方からも事業を継続していくうえでもっとも重要な信用を失ってしまいます。当然、5月になっても入金はありませんので、介護報酬ではない何かで支払いをする必要があります。

この介護事業者の資金繰りは、入金と支払いにギャップが生まれており、**図表3-2**のとおり資金繰りは完全に帳尻があっていない状態に陥っています。

図表3-2●4月から9月までの資金繰りの状況

	4月	5月	6月	7月	8月	9月
月初残高	0円	▲200万円	▲400万円	▲300万円	▲200万円	▲100万円
25日(支払)	−200万円	−200万円	−200万円	−200万円	−200万円	−200万円
末日(入金)	0円	0円	+300万円	+300万円	+300万円	+300万円
月末残高	▲200万円	▲400万円	▲300万円	▲200万円	▲100万円	0円

入金日や支払い日を考慮しない単純な収支の視点で見ると、**図表3-1**のとおり、毎月100万円の収支プラスが出る非常によい状態になります。

しかし、入金日や支払い日も考慮した、現実に近い形、つまり資金繰りの視点で見ると、**図表3-2**のとおり完全に帳尻が合わない状態となり、視点を変えることで、介護事業者の全く違った姿が浮かび上がってきます。

ちなみに、7月以降も、売上と支出が変わらないとすると、収入と支出の帳尻があってくるのは**図表3-3**のとおり12月以降ということになり、その後の資金繰りは安定していきます。

図表3-3●10月以降の資金繰りの状況

	10月	11月	12月	1月	2月	3月
月初残高	0円	100万円	200万円	300万円	400万円	500万円
25日(支払)	−200万円	−200万円	−200万円	−200万円	−200万円	−200万円
末日(入金)	+300万円	+300万円	+300万円	+300万円	+300万円	+300万円
月末残高	100万円	200万円	300万円	400万円	500万円	600万円

実際に事業を運営していくためには、収入と支出のギャップを埋めていかなければ、職員や取引先の信用を得られないので、事業を進めていくことはできません。

そこで、この収入と支出のギャップを埋めるために必要になってくるのが、運転資金になるわけです。

では、4月の事業を開始する前に運転資金を600万円確保していた場合には、資金繰りはどのように変化していくのかを、事例をベースに考えていきましょう（**図表3-4**）。

図表3-4●4月～7月の資金繰りの状況

	4月	5月	6月	7月
月初残高	600万円	400万円	200万円	300万円
25日（支払）	－200万円	－200万円	－200万円	－200万円
末日（入金）	0円	0円	＋300万円	＋300万円
月末残高	400万円	200万円	300万円	400万円

図表3-4のように、600万円の運転資金を確保していますので、職員の方の給料をはじめとした200万円の支払いを4月25日に支障なく支払うことができます。5月25日の支払い日も支障なく支払いを済ますことができます。6月25日の時点では、当初用意していた運転資金の600万円は全て支払いに回すことになりますが、6月末日に4月分の介護報酬が入金され7月の支払いには何の支障もないことがわかります。当初用意した運転資金を活用して、うまく資金繰りを行っていることがよくわかります。

このような、事業を滞りなく行うための運転資金を、「経常運転資金」ともいいます。

この他、売上が上昇基調にある時に起こる資金ギャップに対応するための運転資金を「増加運転資金」、季節的な資金需要に対応するための運転資金を「季節運転資金」などといい、その使途に応じてさまざまな運転資金があります。

3 運転資金の調達

運転資金は、事例のように自己資金を充てて対応していくケースもあれば、金融機関からの借入金を充てて対応するケースもあります。

金融機関から運転資金を調達する場合においては、その運転資金の使途を明確にする必要があります。なぜならば、金融機関は使途が明確でない資金を融資することはないからです。

事例の運転資金が自己資金ではなく、金融機関からの借入金により調達していた場合の返済についても考えていきましょう。

事例のケースは、介護報酬の入金と人件費等の支払いの一時的なギャップの穴埋めが目的なわけですから、一度資金繰りが軌道に乗ってしまいさえすれば、**図表3-5**のとおり毎月100万円の資金が手元に増えていくので、運転資金の必要性はなくなるわけです。

図表3-5●8月～1月の資金繰りの状況

	8月	9月	10月	11月	12月	1月
月初残高	400万円	500万円	600万円	700万円	800万円	900万円
25日(支払)	－200万円	－200万円	－200万円	－200万円	－200万円	－200万円
末日(入金)	＋300万円	＋300万円	＋300万円	＋300万円	＋300万円	＋300万円
月末残高	500万円	600万円	700万円	800万円	900万円	1000万円

この借入金の返済方法も、2つの方法が考えられます。

1つは、一時的な収入と支出のギャップを埋めることが目的ですので、ギャップが埋められて、手元に返済する資金が用意できるタイミングを見計らって一括で支払ってしまう方法です。

もう1つは、一括で支払いをするのではなく分割で支払っていく方法です。分割する期間、つまり返済期間をどのように設定するかについては、考える必要があります。

それぞれの方法には、メリット、デメリットがありますので、経営者の方針や考えでどの返済方法を選択してくるかは決まってきます。

一括の支払いであれば、金利負担が少ないメリットはありますが、予定外の支払い等で返済金が用意できなかった時には、金融機関に支払いの猶予等をお願いすることになり信用面で大きなデメリットが生じる可能性があります。

分割の支払いを選択すれば、返済期間は一括払いに比較して長くなりますので、トータルの金利負担は大きくなります。しかし、一括払いのデメリットで指摘した予定外の支払い等があっても分割払いであれば十分調整が可能で、支払いの猶予等をお願いするような事態となる可能性が低くなるメリットがあります。

では、事例のケースで具体的に考えていきましょう。開業当初に用意した運転資金の600万円が、銀行からの借入だとします。

図表3-5のとおり、9月末には手元に600万円の資金がありますので、借入金を返済することはできなくはありません。しかし、600万円の資金を返済にすべて回してしまった場合、手元の資金は0になってしまいますので、10月25日の支払いができなくなってしまいます。11月末ではどうでしょうか。手元の資金は800万円になっていますので、600万円を金融機関に返済しても200万円が手元に残り、12月25日の支払いも対応可能となります。

つまり、一括で返済をする場合には11月末日以降に返済日を設定すればいいことがわかります。

ここで、11月末日を返済日と設定した場合(利息は考慮しない)の資金繰りを見てみます(**図表3-6**)。

図表3-6　11月末を返済日と設定した場合の資金繰りの状況

	8月	9月	10月	11月	12月	1月
月初残高	400万円	500万円	600万円	700万円	200万円	300万円
25日(支払)	−200万円	−200万円	−200万円	−200万円	−200万円	−200万円
末日(入金)	＋300万円	＋300万円	＋300万円	＋300万円	＋300万円	＋300万円
借入返済	−	−	−	−600万円	−	−
月末残高	500万円	600万円	700万円	200万円	300万円	400万円

では､8月から50万円ずつ1年間で支払っていく場合で見てみましょう(**図表3-7**)。

図表3-7●8月から50万円ずつ1年間で支払う場合の資金繰りの状況

	8月	9月	10月	11月	12月	1月
月初残高	400万円	450万円	500万円	550万円	600万円	750万円
25日（支払）	−200万円	−200万円	−200万円	−200万円	−200万円	−200万円
末日（入金）	+300万円	+300万円	+300万円	+300万円	+300万円	+300万円
借入返済	−50万円	−50万円	−50万円	−50万円	−50万円	−50万円
月末残高	450万円	500万円	550万円	600万円	750万円	850万円

返済を分割することによって、月末での手元資金には相当の余裕があります。

次に、利息の面からも検討してみましょう。今回の600万円の借入金利は、3%（月割で計算します）と設定します。

一括払いの方は、4月1日に借入し11月末日に返済しますので、借入期間は8カ月です。利息の支払いは、

600万円×3%×8カ月／12カ月＝120,000円

となります。

一方、分割払いの場合**図表3-8**のとおりの返済となりますので、利息の支払いは合計で157,500円となり、一括払いと比較すると3割増しの利息を支払うことになります。試算は1年払いですので、2年、3年と返済期間が長くなれば返済負担はさらに増えていきます。

ただし、これはあくまで事例です。実際の介護事業の場合、一定の売上の確保が将来にわたって約束されているわけではありませんし、月によって売上が大きく変動することも考えられます。

そこで、資金繰りに余裕を持たせるために、一括や1年で返済を行うのではなく、3年ぐらいの長期分割で返済を行うことも一つの方法になります。

なお、1年以内に返済を行う場合を短期運転資金、1年以上かけて返済を行う場合を長期運転資金といいます。

図表3-8●分割払いの場合の利息

（年利3%）

	元金	利息	残元金
4月	—	15,000円	600万円
5月	—	15,000円	600万円
6月	—	15,000円	600万円
7月	—	15,000円	600万円
8月	50万円	15,000円	550万円
9月	50万円	13,750円	500万円
10月	50万円	12,500円	450万円
11月	50万円	11,250円	400万円
12月	50万円	10,000円	350万円
1月	50万円	8,750円	300万円
2月	50万円	7,500円	250万円
3月	50万円	6,250円	200万円
4月	50万円	5,000円	150万円
5月	50万円	3,750円	100万円
6月	50万円	2,500円	50万円
7月	50万円	1,250円	0円
合計	600万円	157,500円	—

4 運転資金の算出

では、実際にどの程度の運転資金を確保しておく必要があるのでしょうか。設備資金であれば、購入する設備に価格がありますので、その価格をもとに必要な設備資金を算出することができます。しかし、運転資金には設備資金のようにはっきりとした算出根拠もありません。

そこで、事例で説明した際に利用した資金繰り表を用いて、資金が不足するタイミングや金額を試算して算出する方法も考えられます。

また、突発的な事態に備えて、諸支払いの1年分に相当する額を用意しておくという考え方の経営者もおられれば、諸支払いの1カ月分も確保しておけば十分と考える経営者の方もおり、それに応じた運転資金を確保するような方法もあります。

どの方法も間違いではありませんし、「これが正解です」というものはありません。最後は、自社の状況に合わせて運転資金を確保することになりますが、自社の状況を正確に把握して先々の資金繰りを検討し、あわてて資金調達をするような事態にならないよう心がける必要があります。

問題1 4月から介護事業を開始したAさんの介護報酬、人件費等の経費の状況は以下のとおりであった。

介護報酬：400万円／月　　月末締めの翌々25日入金

人件費等の経費：300万円／月　　当月の20日払い

＊介護報酬、人件費等の経費共に月による変動はない。

⑴以下の空欄(①)～(⑤)を答えなさい。

(単位：円)

	4月	5月	6月	7月	8月	9月
月初	0					
20日(支払い)				−(④)万		
25日(入金)		+(②)万	+(③)万			
月末残高	▲(①)万					▲(⑤)万

⑵事業を開始する時点で、Aさんは最低いくらの運転資金を確保していれば、月末残高がマイナスにならなかったでしょうか。

確認問題

解答 解説

解答1

⑴①：300　②：0　③：400　④：300　⑤200

⑵900万円

解説1

⑴設問に従って4月から9月の資金繰りの状況を見ていくと、以下のようになる。

（単位：万円）

	4月	5月	6月	7月	8月	9月
月初	0	▲300	▲600	▲500	▲400	▲300
20日（支払い）	−300	−300	−300	−（300）	−300	−300
25日（入金）	0	（0）	＋（400）	＋400	＋400	＋400
月末残高	▲（300）	▲600	▲500	▲400	▲300	▲（200）

⑵一番のボトムは、6月20日の支払いを終えた段階での900万円のマイナスとなっている。従って900万円の運転資金を確保していればよい。月末残高が▲600万円となっているため、「600万円」と答えた方もいるかもしれないが、それでは6月20日の支払いができなくなることに注意する。

（単位：万円）

	4月	5月	6月	7月	8月	9月
月初	900	600	300	400	500	600
20日（支払い）	−300	−300	−300	−300	−300	−300
25日（入金）	0	0	＋400	＋400	＋400	＋400
月末残高	600	300	400	500	600	700

第4章

決算書とは

1 決算書の活用

1 決算書とは

20年近く前、ある経営者から「決算書は3種類作る」という話を聞いたことがあります。「見た目をよくするために黒字を計上した金融機関用の決算書」、「税金対策のために赤字を計上している税務署用の決算書」、そして「本当の実態を表した決算書」というわけです。

そもそもこのような行為はしてはいけませんので、このようなことをすれば、信用を失い商売を進めていくことは困難になるでしょうし、皆さんには昔話としておいてほしいのですが、介護事業を開始されれば、申告する必要がありますので、必ず決算書を作成することになります。決算書を作成しないで、商売を続けていくということは事実上不可能です。

そして、作成する「決算書」の隅から隅まですべてを、完全に理解しておかなければならないというわけではありませんが、経営者として、「決算書」の基本的な事項は理解する必要があるでしょう。

「決算書」は、税務申告、金融機関からの資金調達のためなど社外の方に提出する「財務会計」の面と、経営者が会社の経営方針を立てていくための判断材料などに利用する「管理会計」の面を持ちます。

また、さまざまな場面で「決算書」は活用されることになります。ここでは「決算書」を、金融機関はどのように見ているのか、着目しているポイントはどこかなど、外部からの目線を中心に説明していきたいと思います。別の見方をすれば、経営に携わる方には押さえておいてもらいたいポイントともいえます。

金融機関の担当者が、介護事業者の方から資金調達の相談を受ける場合には、必ず「決算書」(決算からある程度期間が経過していれば、「試算表」を追加してもらうことも多い)の提出を求めます。

次に、担当者は介護事業者の方から提出された「決算書」をもとに、企業の維持力や借入金の償還力など、さまざまな分析を実施していきます。

その上で、自分が分析し導いた内容が正しいものなのかどうかを、経営者との面談(ヒアリング)や、追加の現物資料などを見せてもらうことで裏付けを行っていき、資金調達の相談に対応し、最終的な融資の可否を判断していくことになります。

2 決算書を構成する書類

1 損益計算書とは

一口に「決算書」といっても、さまざまな書類から構成されています。「決算書」のメインとなる、「損益計算書」と「貸借対照表」のうち、まずは「損益計算書」について見ていきます。「損益計算書」は、一定の期間（一般的には1年間）の売上や経費などがどのくらいになったの

図表4-1●損益計算書

損益計算書（円）

（自平成23年1月1日〜至平成23年12月31日）

売上高	12,000,000
売上原価	600,000
売上総利益	11,400,000
販売管理費	10,800,000
営業利益	600,000
営業外収益	0
営業外費用	0
経常利益	600,000
特別利益	0
特別損失	0
税引前当期純利益	600,000
法人税、住民税及び事業税	50,000
当期純利益	550,000
前期繰越利益	50,000
当期未処分利益	600,000

かを計算し、黒字（利益）が出たのか赤字（損失）を出したのか計算し作成する書類になります。つまり、簡単にいうと、売上－経費（費用）の計算結果がプラス（黒字）だったかマイナス（赤字）だったかを計算しているわけです（**図表4-1**）。

2 貸借対照表とは

次に「貸借対照表」について見ていきます。「貸借対照表」は、ある一時点でその会社に、どれだけの、どのような資産（いわゆる財産）があるのか、どれだけの、どのような負債（いわゆる借金）があるのかを集計し、表したものです（**図表4-2**）。

図表4-2●貸借対照表

貸借対照表（万円）

（平成23年12月31日）

【資産の部】		【負債及び資本の部】	
流動資産	1,200	流動負債	1,100
現金・預金	300	買掛金	150
売掛金	800	短期借入金	600
その他	100	未払金	250
固定資産	3,400	その他	100
有形固定資産	3,200	固定負債	2,300
建物・構築物	800	長期借入金	1,800
機械・装置	500	その他	500
工具・器具・備品	400	負債合計	3,400
土地	1,500	資本金	1,000
		利益剰余金	200
その他	200	（うち当期利益）	50
資産合計	4,600	負債及び資本合計	4,600

資産は、大きく「流動資産」と「固定資産」に分かれ、固定資産は、さらに、「有形固定資産」と「無形固定資産」に分かれます。「流動資産」

は、決算日から1年以内に現金化したり費用化する資産です。「固定資産」は、決算日から1年以内に現金化される予定のない資産で、その中でも、建物、機械や土地などのように形のある資産を「有形固定資産」、営業権（のれん代）やソフトウエアなどのように形のない資産を「無形固定資産」といいます。

負債は、資産と同様に「流動負債」と「固定負債」に分かれることになります。そして、「流動負債」は、1年以内に現金で支払う予定の負債で、「固定負債」は1年以内に現金で支払う予定のない負債になります。

事例のように、資産（4,600万円）が負債（3,400万円）を上回って（差引1,200万円）いればよいのですが、負債が資産を上回っているような状況は、皆さんも新聞やニュースなどで耳にしたことがあるかと思いますが「債務超過」という非常に厳しい状態であることを示しています。つまり、会社の資産をすべて処分し、負債（借金等）を返してもまだなお借金が残ってしまう状態のことです。事例のケースであれば、資産を処分して現金化して負債を払っても、差引1,200万円の現金が残ることになります。

この「資産」と「負債」のバランスについては、p.56でも見ていきます。

3 決算書の見方

1 決算書をどう見るか

経営者の方と同様に、金融機関の担当者自身も担当する介護事業者の最終的な数字は黒字（利益）が出ているのか、あるいは赤字（損失）を出してしまっているのか、債務超過になっているのかいないかなどについて関心はあります。

しかし、ここが大変難しいところなのですが、単純に黒字なら問題ない、赤字なら問題と割り切れるものではありませんし、「債務超過の状態＝危険な状態」と言い切れるものでもありません。

最終的な結果がどのような状態になっているかはもちろん大切ですが、どのような事業活動を行ってきたことで、最終的な結果（黒字や赤字、債務超過など）を生み出すことになったのか、つまり、結果に至る過程の部分がより重要になってきます。なぜならば、そこが明らかになっていくことで、企業の真の姿がわかってくるようになるからです。

そこで、企業の真の姿を知るために見るべきポイントを、「損益計算書」「貸借対照表」それぞれについて考えていきます。

4 損益計算書のポイント

1 原価率はどうなっているか

「損益計算書」を見ていくポイントはもちろん数多くありますが、その全てをここで説明していくことは困難です。そこで、いくつかのポイントに絞って説明をしていきます。まずは原価率についてです。

「損益計算書」の費用の区分に「売上原価」という科目があります。業種によって細かい科目は違ってきますが、ここでは、介護事業というサービスを提供するために必要となった経費（原材料費、人件費など）をいうこととします。

そして、「損益計算書」の計算期間内の「売上原価」を、同期間内にサービスを提供したことによって得た「売上高」で割り戻したものが「原価率」となります。

この「原価率」は、介護事業の業種ごとに変動しますが、その業種ごとの平均的な「原価率」というものがあり、これを金融機関などは把握しています。

把握している平均的な「原価率」と比較して、担当する介護事業者の「原価率」がどうなっているのか、金融機関の担当者は見ていきます。

参考としている平均的な「原価率」から、その「原価率」が大きく乖離していれば、その要因がどこにあるのか、言い換えるならば、その介護事業者特有の事情が何かあるのかを見ていくことで、その介護事業者の真の姿を把握することができるわけです。

具体的な事例で考えていきましょう。

【事例1】

近隣の既存介護事業者との差別化を図るため、実務経験の豊富なスキルの高いベテラン職員の比率を高め、利用者へ質の高いサービス提供を行っている介護事業者Oさん。

【事例2】

サービスは、平均的なレベルを確保できればよしとし、正職員ではなくパート等も積極的に活用しその比率を高めることで、人件費の負担を抑えることを目指している介護事業者Sさん。

【事例1】のケースで考えれば、ベテラン職員の比率を高めることになりますので、スキルに見合った報酬が必要となり、人件費は一般的な介護事業者に比較して高くなります。つまり、「原価率」は平均値よりも高くなるでしょう。

【事例2】のケースで考えれば、【事例1】のケースとは全く異なった対極的な考え方で、パートの比率が高くなるわけですから当然人件費を低く抑えることができますので、「原価率」は平均よりも低くなるでしょう。

このように、介護事業者がそれぞれ選択している経営方針により、「売上原価」は変化していきますので、平均的な「原価率」と比較することで、介護事業者の真の姿がわかってきます。

2 経費はどうなっているか

「売上原価」、「販売費及び一般管理費」の科目の中には、さまざまな経費が計上されています。経費として計上すべきものは、きちんと「損益計算書」に計上されているかも大切なポイントです。

具体的な事例で考えてみましょう。

【事例】

自社所有の施設で介護事業を5年営んでいるZさん。建物施設を固定資産として計上していますが、今期の「損益計算書」の経費内訳を確認してみると、建物施設の減価償却費を計上していないことがわかりました。

この事例の場合、建物施設であれば、建物の構造にもよりますが何十年にもわたって減価償却※1を行っていく必要がありますので、通常であれば今期の「損益計算書」に所定の減価償却費が計上されているはずです。

ところが、その減価償却費の計上がないわけですから、Zさんは決算処理を行う過程で何かしらの判断をしたことになります。もしかすると、所定の減価償却費をきちんと計上してしまうと、最終的な損益が赤字になってしまうので、経費として計上をしなかったのかもしれません。

このように、経費の計上の仕方によっては、なぜそのような経理処理を行ったのか合理的な理由を明らかにして、対外的にも説明できるものか考える必要があるでしょう。

3 特別な処理はあったのか

本業である介護事業とは関係ないところ、つまり通常の介護事業以外の特別な要因で発生した臨時的な利益や損失は、「損益計算書」の「特別利益」、「特別損失」の科目の中に計上されます。この臨時的な利益や損失が計上されているのかどうかも、ポイントの1つになります。

具体的な事例で考えていきましょう。

【事例1】

介護事業を営んでいるCさん。当期の純利益は100万円を計上していました。

※1：長期間に使用する設備にかかった費用を、法定耐用年数に合わせて経費処理をするもの。

【事例2】

介護事業を営んでいるＦさん。当期の純利益は100万円を計上していました。

これだけを見れば、ＣさんとＦさんに大きな違いはないように見えますが、それぞれの「損益計算書」を詳しく見てみると、違いがあることがわかりました。

Ｃさんは、自社で所有していた土地を売却し、1,000万円の特別利益を計上していました。一方、Ｆさんは災害の影響で自社の設備に大きな被害を受け1,000万円の特別損失を計上していました。

土地の売却益がなければ、本業の介護事業だけで見るとＣさんの収支状況はどうなるでしょうか？　災害の影響で大きな被害を受けていなければＦさんの収支状況はどうなっていたでしょうか？

Ｃさんは、介護事業だけでは900万円の赤字計上（1,000万円－100万円）となりますし、Ｆさんは介護事業だけで1,100万円の黒字計上（1,000万円＋100万円）となります。

どうでしょう？　当期の純利益の比較では大きな違いがなかったＣさんとＦさんですが、全く違った印象になってきませんか？　つまり、計上されている「特別利益」や「特別損失」が、本業の介護事業にまで影響するレベルのものなのかどうか、 その影響範囲などを含めて、しっかりと確認していくことが必要になるでしょう。

また、この臨時的な利益や損失を除いた状態で、本業である介護事業の収支はどうなるかも併せて見ていく必要があります。そうすることで、介護事業者の真の姿が浮かび上がってきます。

4 複数年度の決算書を比較する

事業年度ごとに「決算書」は作成しますので、複数年度の「決算書」を比較することでも、介護事業者の変化を知ることができます。

前年度に比較して、売上は順調に推移しているのか、それとも減少傾向にあるのか、あるいは横ばいか、売上以外にも、「原価率」であったり、「経費」であったり、特別な処理であったり、複数年度の「決算書」を比較することで把握できる事実があります。

この把握により、その介護事業者の辿ってきた歴史といったものも把握することができるでしょう。経営者の方は、日々の運営・管理で非常に多忙なことが多いですが、時には複数年度の「決算書」を用いて、客観的に自社の状況を把握することも重要でしょう。

ここで、介護事業者の原価率や人件費対売上高比率（人件費／売上高×100）の平均的な数値について、日本政策金融公庫総合研究所が調査した「業種別経営指標2010年版」からご紹介しておきます（**図表4-3**）。

図表4-3●介護事業の原価率

デイサービス等	8.0%
有料老人ホーム	19.1%
訪問介護事業	4.8%

出所：「業種別経営指標2010年版」日本政策金融公庫総合研究所調査

なお、数値はあくまで平均ですので、地域特性や独自性などで変動があります。「平均から乖離すること＝問題がある」ということではありませんのでご注意ください。

5 貸借対照表のポイント

1 売掛金はどうなっているか

次に、「貸借対照表」を確認していくポイントについてご説明します。まずは売掛金です。介護事業者の場合、介護報酬が収入の柱になりますので、正当なサービスを行い、きちんと請求を行えば決まった期日に入金があるはずです。つまり、ある時点で存在する未回収の介護報酬（売掛金）を、想定することができるのです。

具体的な事例をもとに考えていきましょう。

いくつか条件を設定します。その介護事業者の収入は、100%介護報酬とし（利用者の1割負担の介護報酬は無視します）月末に締めて2カ月後の月末に入金される条件にします。

図表4-4をご覧ください。3月末日の時点では、何月分の介護報酬が入金されていないでしょうか。1月分の介護報酬は、3月末日には入金されています。2月分はどうでしょう。設定した条件にあるよう

図表4-4●売掛金

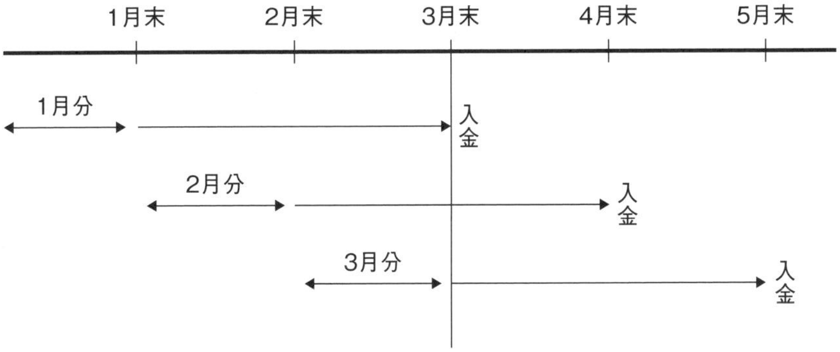

に、月末で締めた分が2カ月後の月末に入金されるので、2月分が入金されるのは4月末日になり、3月末時点では未回収の介護報酬（売掛金）として計上されています。3月分も同様に5月末日が入金日ですから、3月末日時点では未回収の介護報酬（売掛金）になっています。つまり、3月末日時点では、2カ月分の売上相当の未回収の介護報酬（売掛金）が存在するわけです。

つまり、事例のような、末日に締めて2カ月後の末日に入金される取引条件においては、月末の時点で常に2カ月分の未回収の介護報酬（売掛金）が計上されることになります。

もう少し、掘り下げてみましょう。

前提条件として、決算月は3月として、年間の介護報酬は1,200万円、計上されている未回収の介護報酬（売掛金）は140万円だったとします。利用者の1割負担の介護報酬は無視することにします。

年間売上1,200万円から、平均の月商（年間売上／12）は100万円となります。では、決算月の3月末日時点で、設定された取引条件から計算される売掛金はいくらになるはずでしょうか？

前述のとおり、月末の時点では常に2カ月分の未回収の介護報酬（売掛金）が計上されるはずです。つまり、平均月商から考えると、決算書には100万円×2カ月分で200万円の売掛金が計上されているはずです。

ところが、決算時点である3月末日で計上されている未回収の介護報酬（売掛金）は、140万円しかありません。平均月商から算出した未回収の介護報酬（売掛金）＝200万円と比べると少ないことから、2月や3月の売上が平均月商とは何か乖離が生じている可能性、つまり、売上の変動が起きていることがわかります。

例えば、平均月商は100万円ですが、月の売上に変動があり、実は2月は70万円、3月は70万円しか売上が計上できていなければ、140万円の未回収の介護報酬（売掛金）でも乖離はないわけです。

金融機関の担当者は、月々の売上や介護報酬の入金のタイミングから見て、おおよそ想定される売掛金というものを算出することができます。そこで金融機関の担当者は、その数字と比較して売掛金の状況がどうなっているのかを考えます。例えば、貸借対照表の売掛金が多かったり少なかったりすれば、「決算期前後で売上に変動があったのかな？」と要因が何かを考え、経営者の方に直接確認していくことになるでしょう。

経営者の方は、もちろん毎月の売上は把握されておられるはずですから、未回収の介護報酬（売掛金）がどのくらいになるのかは、感覚としてお持ちだとは思いますが、1つの考え方として心にとめておいてください。

2 雑勘定はどうなっているか

貸借対照表の中には、**図表4-2**にある「その他」を詳しく見ていくと、「仮払金」や「貸付金」といった、いわゆる雑勘定という科目があります。

普通に介護事業を営んでいれば、この雑勘定に該当する科目で処理する状況はなかなか発生しないはずです。だからこそ、金融機関の担当者はその数字に注目するのです。

具体的にいうと、「仮払金」が計上されていれば、「何の目的で仮払いをしたものなのだろうか？」、「貸付金」があれば、「大切な会社の資金を、誰に、本業（介護事業）以外の何に利用したんだろう？」と疑問が湧いてきます。

「貸付金」は資産として計上してありますが、内容がよくわからなければ、「資産として見ていいのかな？　まさか、返してもらうのが難しいことはないだろうな。ひょっとして、資産とはみなせないのだろうか」など、さまざまな考えが頭をよぎることになるでしょう（当然、経営者の方に内容を聞かせていただくことになるでしょう）。

3 資産と負債どちらが多いか

「貸借対照表」は、左側に資産を、右側に負債と資本を計上しており、仕組みとして、資産の合計額と負債と資本の合計額は必ず同額になるようになっています。

同額で、バランスがとれていることから、「貸借対照表」を「バランスシート」とも呼ぶことがあります。

【事例1】

図表4-5●貸借対照表（事例1）

資産	100	負債	70
		資本	30

この【事例1】では資産が負債を上回っている状況ですから、仮にいま事業を廃業したとしても、資産を処分すれば負債はすべて賄えるということになります。

ところが、資産が負債を常に上回っている状況とは限らないのです。

【事例2】

図表4-6●貸借対照表（事例2）

資産	100	負債	130
		資本	▲30

【事例2】のように、負債が資産を上回ってしまう、つまり、債務超過（資産と負債を比較して負債の方が多い状態）の状況もあり得るわけです。

この状況では、仮にいま事業を廃業して資産を処分しても負債を全部返すことはできず、負債が残ってしまいます。

ただし、単純に「貸借対照表」の表面上の数字だけを見るのではなく、個別の勘定科目にも目を向ける必要があり、前述のとおり雑勘定次第で状況は大きく変わることにもなります。

【事例2】を使って説明しましょう。表面上の数字を見れば、資産が100に対して負債が130ですから、完全に債務超過の状態です。

ここで、2つの条件を加えて考えてみます。

ア　資産を見ると取引先甲さんへの貸付金が30あった。詳しく調べてみると、甲さんは事業をすでに廃業しており借入金の整理を弁護士に委任するか考えている状況で、貸付金を返済する目途が立っていない。

イ　負債を見ると代表者からの借入金が50あった。詳しく調べてみると、代表者は他にも土地など十分な資産を持っており、当面会社から借入金を返済してもらう気持ちは持っていない状況である。

どうでしょうか？

アの場合の資産について考えると、調査によると甲さんへの貸付金は回収の目途が全くなさそうな状況ですから、資産として、つまり財産として見てもいいでしょうか？　甲さんの状況が状況なだけに、100－30＝70が、正味の資産と考えた方がよさそうです。

そうすると、負債は130ですから、70－130＝▲60となり、表面的な数字(▲30)よりも状況は厳しいということがわかります。

一方、イの場合の負債について考えると、代表者からの借入金は、代表者の状況や気持ちからすると、金融機関からの借入金のように、毎月一定額をきちんと返済していくものと同一に考える必要はなさそうです。

どちらかといえば、「ある時払いの催促なし」の、実質的には借入金というよりは、出資として取扱うのが適切と判断可能な負債です。

従って、130－50＝80が正味の負債と判断した方が適切でしょう。正味の負債は80ですから、100－80＝20となり、表面的な数字(▲30)よりも状況はもう少し楽観的に見ることができるかもしれません。

(1) 数字に惑わされず実質を把握する

このように、「貸借対照表」に出てくるさまざまな科目について、表面的な数字で判断するのではなく、正味の状況はどのようになっているかを的確に把握することが経営を行っていくうえでは欠かせないポイントになるわけです。

例えば、皆さんは「含み資産」という言葉を聞いたことがあるでしょう。これは、資産として計上してある帳簿上の価格とに乖離が生じている状態です。ある土地が、帳簿上100万円で計上されていても、付近の広さや条件が同じような物件の取引事例が1,000万円ということであれば、同程度の価格は見込めますので正味の資産としては1,000万円の価値と見てもいいでしょう。つまり、差額の900万円が帳簿の表面上には表れない「含み資産」になります。逆に、帳簿上は1,000万円で計上している資産が、取引事例から考えると500万円にもならないということになれば、「含み損」を抱えていることになりますので、正味の資産は目減りしていることになります。

まとめると、表面上の数字に惑わされず実質の資産がどうなのかを的確に把握することが大変重要になります。

(2) 決算書を経営に活かす

ここで挙げた具体例以外にも、金融機関の担当者は提出してもらった決算書から多くの情報を得るとともにいろいろな視点で分析を行い、ご相談者が考えている介護事業のイメージを固め融資の可否の結論を出していきます。

経営者の方も、税理士の方や経理担当者の方の協力を得て、決算書の内容から自社の経営課題を把握していただくことで、適切な対策・改善策などを検討することができます。そして、適切な経営判断を行っていくことができるのです。

対金融機関ということで考えれば、自社の状況を的確に把握し、適切な説明をすることができれば、金融機関との信頼関係が築けるでしょう。

経験上、今まで説明してきたポイントが大切であることに異論を唱える方はいません。しかし、ポイントとなることは理解していても、具体的な数字から状況を把握するとなると、苦手とする介護事業経営者の方は少なくありませんので、意識して対応をしていくことが大切でしょう。

問題1 介護事業者Bさんの貸借対照表は以下のような状況であった。

（単位：万円）

資産の部		負債及び資本の部	
資産	200	負債	150
		資本	50

⑴以下の（①）、（②）の空欄をうめて文章を完成させなさい。

Bさんは資産が負債を（①）万円上回っており、（②）の状態ではない。

⑵Bさんは、介護施設のある土地（貸借対照表上100万円）を資産として計上しており、この土地について調査を行うと、実際の価値は200万円であることが分かった。上記に基づいて、以下の（①）～（③）の空欄をうめて文章を完成させなさい。

Bさんの資産は実質的には（①）万円であり、資産が負債を（②）万円上回っている。仮に、この土地が50万円の価値しかなければ、（③）万円の「含み損」を抱えていることになる。

解答 1

⑴①：50　②：債務超過

⑵①：300　②：150　③：50

解説 1

⑴Bさんは資産が負債を50万円（200万円－150万円＝50万円）上回っており、債務超過の状態ではない。

⑵資産の内訳は、土地100万円、その他100万円である。今回土地の価格が200万円であることが分かったので、200万円＋100万円＝300万円が実質的な資産となる。実質的な資産の300万円から負債150万円を差し引くので、資産が負債を150万円上回ることになる。

土地の価格が50万円であれば、50万円－100万円＝▲50万円となり、50万円の含み損を抱えていることになる。

第5章

金融機関との関係

1 資金調達の課題

1 金融機関との信頼関係の構築

介護事業者が金融機関との信頼関係を構築していくうえで、金融機関がどのような考え方をしているかについて知ることは、大変重要です。本章では、この考え方を解説していきます。

2「情報の非対称性」を理解する

(1) 情報量の格差

通常、介護事業者と金融機関の間には、所有している情報量に大きな違いがあります。これを「情報の非対称性」といいます。しかし、皆さんにとっては、「情報の非対称性」は耳慣れない言葉だと思いますので、通所介護施設をこれから開業するという事例で考えていきます。

通所介護施設を開業する計画において、開業を考えている事業者と相談を受けた金融機関は、開業の計画について同じだけの情報量を所有しているでしょうか？

答えは、もちろん「NO」です。両者の間で所有する情報量には、非常に大きな格差があります。図で示すと**図表5-1**のようになります。

具体的な事例を挙げて考えていきましょう。通所介護施設を開業するにあたり、事業をサポートしてくれる大変有能なスタッフがいたとします。そのスタッフについて、開業を考えている事業者は、人となりをはじめその能力など数多くのことを把握しておられるはずです。

図表5-1●開業計画に関する情報量

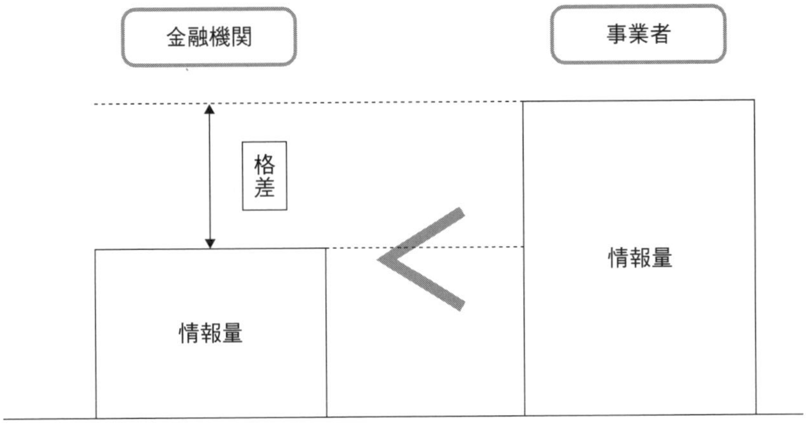

また、これから事業を運営していくうえでは欠かせない人材であるとの思いから、待遇面で他のスタッフよりも給与を高くするという形で、開業の計画に反映させているとします。

開業を考えている事業者の持つ情報量からいくと、その待遇は非常に妥当なものであると考えられますが、融資の相談を受ける金融機関の側から見るとどうでしょうか？　そのスタッフに関し、開業を考えている事業者と同等の情報はもちろん持ち合わせていませんので、なぜ1人だけ給与が高いスタッフがいるのだろうか、給与に見合うだけの能力は持ち合わせているのだろうかなど、情報量の格差があるためにさまざまな疑問が生じてきてしまいます。

(2) 金融機関による情報収集

スタッフを事例に説明しましたが、スタッフだけに限らずさまざまな面で事業者と金融機関の間には情報の格差が存在します。

金融機関の担当者と資金に関する相談をした経験をお持ちの方は、具体的なイメージが湧くかと思いますが、実際、金融機関の担当者は根掘り葉掘り質問をします。これは、介護事業者の方と金融機関との間の情報格差を埋めようとするためなのです。

ところで、情報という面では介護事象者の方は一見有利な立場にあるので、金融機関との交渉をうまく進められそうな気がしませんか？

ところが、なかなかそううまくは進まないのです。

金融機関側は、相談相手の介護事業者の方から協力をなかなか得られず、情報の格差を埋められない場合、そもそも融資を行わないとか、希望額に満たない形で対応するとか、融資にあたって高い金利を求めたり、担保や保証人をつけてもらうことを条件とするなど、さまざまな形で格差の代替を行い対応することができるからです。

では、介護事業者の皆さんは、それではどう対応すればよいでしょう？

金融機関の担当者がいろいろと根掘り葉掘り聞くのは好奇心ではなく、融資の相談という仕事を進めるうえで必要不可欠なのです。「仕方ないが、担当者の立場も理解して情報収集に協力するか」ぐらいの広い心を持って接してください。そして、協力するところは積極的に協力して、交渉相手である金融機関の担当者を味方につけるぐらいの気持ちで対応してください。

確かに、いろいろ聞かれて面倒だな、イライラしてしまうな、と感じる時があるかもしれませんが、ある程度割り切ってしまった方が精神衛生上もよいでしょう。

(3) 介護サービス利用予定者への情報提供

ここまでは、介護事業者の皆さんと金融機関との間にある「情報の非対称性」について説明してきました。

しかし、ご説明した「情報の非対称性」は金融機関との間だけではなく、介護事業者の皆さんと、これから介護サービスを利用しようと考えている利用者の方との間でも成立するのです。

介護サービスに関して、皆さんはプロフェッショナルですから、例えば、近隣の介護事業者に比べて、自分の所のスタッフは能力も高く、親身な対応が可能であるなど当然情報をかなりお持ちになっているでしょう。

ところが、これから介護サービスを利用しようとしている方は違います。他の介護事業者との違いはもちろん、介護事業者の皆さんからすれば常識的なことや、介護保険の仕組みそのものすらよく把握していないこともあるでしょう。

図で示すと、以下のような状況でしょう（**図表5-2**）。

図表5-2●介護サービスに関する情報量

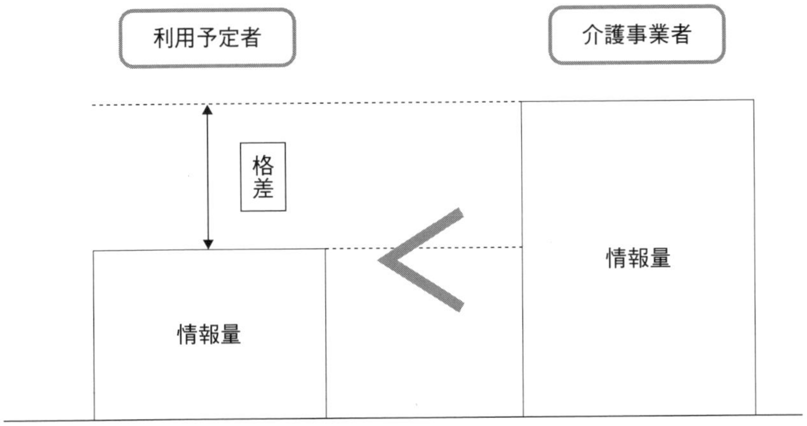

介護サービスの利用を考えている方は、介護事業者の皆さんにいろいろと質問を行ったり、口コミ情報を集めたり、さまざまな方に相談するなどしていくことで、できる限り情報の格差を埋めて、どの介護事業者のサービスを利用するのかを決定しているはずです。結果的に情報の格差を埋めきれない場合、時間も手間もかかるので、多少の疑念は残っていても利用する介護事業者を決めているかもしれません。

では、「情報の非対称性」の考えを理解し、介護事業者側から積極的にいま困っていることなどを中心にヒアリングを行い、介護サービスを利用する方に疑問と思っていることを明確にしてもらい、その疑問に丁寧に回答していけばどうでしょうか？

介護サービスを利用する方も、情報の格差を十分に埋めることで納得してサービスを利用して、末長く自社の介護サービスを利用してくれるはずです。

金融機関の担当者だけではなく、利用予定者の方、つまり、相手の立場を理解するように努め、対応することで、さまざまなメリットが生まれるはずです。

3 担当者との対応で注意するポイント

「粉飾決算」という言葉は皆さんもご存知でしょうか？ 「粉飾決算」を行うというのは、民事法上または刑事法上の責任を問われるような重大な行為ですが、上場しているような大企業でもそのような行為を行ってしまうことがあります。「粉飾決算」は極端なケースかもしれませんが、金融機関は、介護事業者からさまざまな状況について虚偽の申し出をされることをもっとも嫌います。極端なケースも挙げてしまいましたが、ここで重要なポイントになるのは、金融機関の担当者からの質問に対して、どのようなスタンスで回答するかということです。

前述のとおり、介護事業者の皆さんの方が自社に関する情報は多くを所有しているはずです。ところが、情報量が多いがゆえに、中には、うろ覚えでその場で金融機関の担当者からの質問に回答できなかったり、経理の担当者などに確認をしてからでないと答えられない事項があるかもしれません。もちろん、融資の相談にあたっての事前準備を十分に行うことで、ある程度そのような事態を防止することはできるとは思います。

経営者といっても人間ですから、ウッカリ忘れてしまっていることもあるでしょう。しかし、そのような場合、経営者としてもっともやってはいけない対応は、「わかりません」と、正直に伝える勇気が持てず、その場をしのぐために、あやふやなごまかしの回答、言い方は厳しいですが虚偽の申し出をしてしまうことです。

このごまかしの回答が事実と全く異なっていた場合は、どうなってしまうでしょうか？ 「一事が万事」という言葉もありますが、金融機関の担当者の頭の中には、あなたの回答や説明は本当に信じてよいものなのかという疑問が湧くでしょう。また「自分はごまかされているのではないか」と担当者が疑心暗鬼になってしまうことも考えられます。そうなってしまっては、介護事業者の皆さんの味方になってもらうどころの騒ぎではなくなってしまいます。

では、質問に回答できない事態に際して、どのような対応をするのがよいのでしょうか？　このピンチの状況をプラスの状況に転じ、金融機関の担当者を味方につけるにはどうすればいいのでしょうか？

まず、わからない質問に対しては、「わからない」と正直に伝えてください。

そして､担当者から何を質問されたのかを正確に把握してください。その際には、メモをとるなどして、後で確認ができるようにしてください。担当者の方に対して質問事項を復唱して確認するのもよい方法でしょう。また、回答に時間を要すものがあれば、例えば、顧問税理士に確認する必要があるので時間が欲しいなど、しっかりと説明してください。

整理すると、担当者からの質問に対して、①その内容を正確に理解し、②説明しようとする姿勢を明らかにし、③担当者に協力する意思を態度で示していくのです。

ここで、皆さんが金融機関の担当者になったと想像してみて、どちらの介護事業の経営者を応援するか考えてみてください。

【事例1】

担当者からの質問に対して、あやふやな回答ばかりして、肝心なことは説明する意思が見えない経営者

【事例2】

担当者からの質問に対して、わからないことは正直にわからないと回答し、質問された内容をきちんと確認したうえで、改めて真摯《し》に回答する姿勢を見せる経営者

答えは言わずもがなですね。

【事例2】にある対応を行い、金融機関の担当者に、皆さんのことを正確に把握してもらい、情報のギャップを埋めるとともに、真摯な姿

勢を見せることで経営者としての資質についても信頼を得て、皆さんの味方に、応援団になってもらいましょう。

4 経営者の資質に疑問を持つ対応

筆者は金融機関の担当者として数多くの事業者の方の相談を受けてきましたが、本当に経営者としてやっていけるのかな、大丈夫かな、との思いを抱いてしまう場面に出会うことがありました。

そこで、経営者の資質に疑問を抱くことになった事例をご紹介するとともに、経営者としての対策をご説明していきます。

【事例1】

事業計画や決算書の内容について確認していくと、「数字のことは税理士に任せている」、「設備導入の詳細は業者に任せているので詳しいことは…」など、第三者任せになっているのをイメージさせる場合。

開業される場合であれば勤務を続けながら、すでに開業されていれば日々の経営をしながら事業計画などを準備することになります。1人でできることには当然限りがありますので、すべてを完璧にこなすことが困難であることは、金融機関の担当者も十分承知しています。

しかし、日々の仕事が大変で多忙だから、第三者にすべてを任せてしまい、経営者として関与する部分がほとんどなくなってしまうのは考えものでしょう。

私が実際に経験した事例をご紹介します。新規で通所介護施設の開業を考えられている方に、開業予定地の周囲の環境についてお伺いしました。そうすると、「一度現地を見に行ってみたが、特に問題はなかった。地図でも周囲の状況を確認したが、特に何も。不動産屋さんや業者さんからも何も心配することはないと説明を受けました」との回答でした。

介護施設でサービスを受ける利用者にとって、施設周辺の環境は重要な要素の1つではないでしょうか。介護施設の近くに町工場などがあれば騒音や振動の問題、高層の建物があれば日当たりの問題、飲食店があれば調理で生じる臭いなど、検討すべきさまざまな要素があるはずです。

経営者としては、一度だけではなく、少なくとも介護サービスの提供を予定している時間帯、曜日に、複数回にわたって確認することは重要ではないでしょうか？

実際、今回ご紹介した事例では、施設の予定地の裏手に飲食店がありましたが、相談者の方が現地を確認した日はたまたま定休日で、その存在を十分に認識されていませんでした。後日、私が現地を訪問して調査をしていたところ、営業準備をしている飲食店から調理の臭いがすることがわかり、相談者の方にそのことを確認しました。

相談者の方はこの事実に驚き、間に入っていた業者の方やテナントの大家さんの方と至急打ち合わせを行いました。そして、通所介護施設の内装工事期間中に、飲食店の方にも協力してもらい、調理場からの排気ダクトの位置を変更してもらうなどの措置をとって臭いの問題を解決しました。

この場合は、事業開始前に対応を行えましたが、改善措置が間に合わなければ施設の利用者に、この臭いの問題で不快な思いをさせる可能性があったのです。

「まさかそんなこと」、「自分はそんな人任せにするようなことはしない」と、皆さんは思われるかもしれませんが、現実問題として業者任せになっていたり、顧問税理士任せになっていることは十分あり得る話なのです。

今回の事例でいえば、勤務や日々の経営でご多忙なことは十分に承知していますが、自分自身が何度も訪問して確認することができないということであれば、例えばご家族の方にも協力してもらう方法をとるのも一つの解決策となるでしょう。家族の方にとっても事業がうまくいくのかいかないのかは重要な問題であるはずだからです。第三者の方に過度に依存することなく、事業計画の策定準備を進めていくことは非常に重要になります。

【事例2】

事業計画の中の資金計画、特に自己資金について確認すると、「自己資金は0です」、「自己資金はほとんどなく、親類から少し融通してもらいました」などの回答をされる場合。

自己資金をほとんど用意しない状態からでも、うまく事業を軌道に乗せられる方はいらっしゃいますが、確率的に申し上げればそれほど多くはないでしょう。また、そのような自己資金をほとんど用意できなかったり、自己資金が少ない事業計画への融資の相談に対して、一般的に金融機関は消極的な対応をとることになるでしょう。

「自己資金は、事業計画の準備を裏付けるもの」ともいいます。厳しい言い方になりますが、自己資金が0であったり、少ないというのは、「自分はその事業に向けた準備をやってきていません。できていないんです」と高らかに宣言するようなもので、リスクを金融機関に押し付けるものととられかねません。

このマイナスをカバーするのはそう簡単ではありません。綿密な事業計画が必要なのはもちろんですが、融資をするにあたっての条件、つまり、担保の提供を求められたり、連帯保証人や保証会社の利用を求められたり、と条件面は厳しくなりますので、そういった面での調整も必要となるでしょう。

やはり、介護事業を始めよう、介護事業を拡大しようとして事業計画を立案するのであれば、それを頭の中に意識した瞬間から、少しずつでも構わないので資金を用意することが重要になるでしょう。

介護事業ではありませんが、公庫と信用金庫から借入をして飲食店を開業するというご相談を受けた時の話を紹介します。

ご相談にあたって、その方からいろいろとお話を伺いました。16歳から料理の修業を始められたのですが、その時から「いつか自分の店を持つ」と心に決め修業の日々を過ごしていたそうです。そして、いつか店を持つために必要な資金を、もらっていた給料の中から貯め始めたそうです。修業中なので、給料は実際お小遣い程度で生活費など差し引くとわずかしか残らなかったそうです。

自己資金の確認をさせてもらうために、通帳を見せてもらうようにお願いしたところ、輪ゴムで留めた通帳の束を見せていただきました。その通帳は、修業を始めたころから貯め始めた通帳で、お話のとおり、最初は2千円とか3千円から始まっていて、その方の開業に至るまでの歴史をかいまみるようでした。

その方の開業の計画は、正直見通しの部分で若干甘い部分もありましたが、公庫の担当者であった筆者も、信用金庫の担当者の方も、何とかこの方に開業して成功してもらいたいと、熱烈な応援団としてさまざまなアドバイスをした覚えがあります。後日談ですが、お店はとても繁盛して、その地域で知らない人はいない有名店となったそうです。

自己資金は、事業計画の中から見れば数ある要素の中のたった1つにしかすぎませんが、その回答によっては、金融機関を味方に引き寄せることができるのです。

また、もう1点。この方のお話を裏付けている預金通帳は、「百聞は一見にしかず」ではありませんが、相談者の方の歩みをはっきりと証明してくれています。この相談者の方は、預金通帳でしたが、預金通帳に限らず、利用者の方からもらったお礼状であったり、新聞等で紹介された記事であったり、第三者の方が評価してもらった資料を日頃から大切に保管しておくことも重要かもしれません。必要になったときに探してもなかなか見つからないものです。

【事例3】

収支計画について確認すると、「数字は苦手で、業者の方に任せてしまっていて…」、「採算ラインはどの程度だったかな…」などと回答をする場合。

介護事業者の方とお話をしていると、数字の話には非常に何か苦手意識をお持ちの方が多いようです。自分の目指す介護事業の夢をつい先ほどまで饒舌《じょうぜつ》に語っていた方が、数字の話になるやいなや寡黙になられてしまう。何人もそういう方にお会いしてきました。

介護事業に限らず、事業を営んでいくうえで、数字の話は切っても切り離せない話ですし、経営者として、やはり最低限把握していなければいけない数字というものが存在するのもまた事実です。

介護事業とはいえ、慈善事業ではありませんので、経営者として採算を確保するのもとても重要な要素でしょう。いくら、他の介護事業者を大きく上回る介護サービスを提供できたとしても、その内容がとても採算を確保できるものではなかったとしたらどうでしょう？　いつか採算がとれずサービスを提供することができなくなってしまい、介護事業者にとっても、サービスの利用者にとっても、従業員にとっても不幸な状況をもたらすことになります。

地域にとって必要不可欠な介護サービスを、欠かすことなく提供し続け、安定した雇用を維持することも介護事業者として、経営者としての責任です。その責任を果たすためにも、数字に対する苦手意識を払拭し、後述する採算ラインを把握し確保するよう心がけてください。

さまざまな数字がありますが、事業を行っていくうえで重要なものは、採算ライン（別な言い方をすれば、収支トントンになる売上）の把握になるでしょう。この数字の把握なくして事業を継続していくことはできないといっても過言ではないでしょう。採算ラインの売上を確保するために、必要な利用者数は何人かということを最低限把握していただきたいということです。

5 採算ラインの考え方

(1) 変動費と固定費

ここは本当に重要なポイントになりますので、具体的な数字を挙げて考えていきます。月の人件費や家賃等の経費（売上の有無にかかわらず支払う必要がある経費で固定費という）が90万円、原価率は10％（売上状況により変化する経費で変動費率という）、利用者の1人当たりの単価は5千円、稼働日数は20日の場合で考えてみましょう。

まず、採算ラインの売上は、固定費÷（1－変動費率）で求められます。つまり、

90万円÷（1－0.1）＝100万円

となります。

検算してみます。売上は100万円ですから、原価は、

100万円×10％＝10万円

売上から、原価と経費を引くと、

100万円－10万円－90万円＝0円

収支トントンになっていますね。

100万円の売上を稼働する20日で確保する必要がありますので、1日当たりにすると、

100万円÷20日＝5万円／日

となります。さらに、利用者の単価は5千円としていますので、

5万円／日÷5千円／人＝10人

となります。

1日当たり10人の利用者を確保すれば、採算ラインを確保できるということになります。それほど難しいことはありませんので、苦手意識を持たず電卓を片手に是非一度、ご自分の事業や事業計画で計算をしてみてください。

いま説明した、変動費や固定費の関係を図示すると、**図表5-3**のようになります。

図表5-3●変動費と固定費の関係

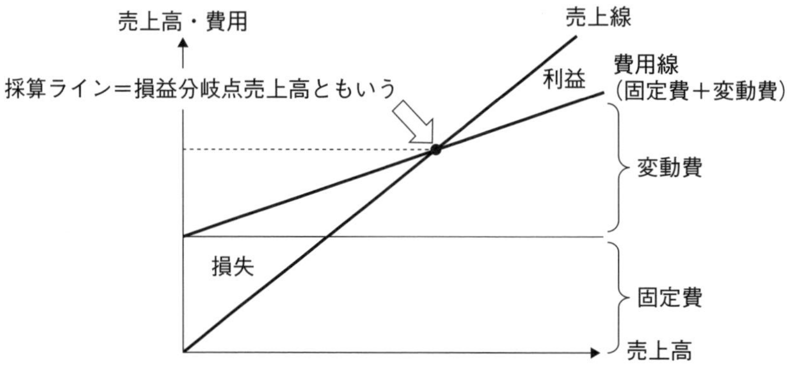

ちなみに、具体例で見ると、図の矢印で指した黒丸部分に該当する売上が100万円になるということで、売上が100万になるまでは損失が、100万円を超えれば利益が出ることになります。

この100万円が採算ラインとなり、「損益分岐点売上高」ともいいます。

「損益分岐点売上高」などの言葉だけ見ると、何だか難しそうな印象を受けてしまいますが、計算過程を見ていただければわかるとおり、何か特別な計算をするわけではありません。四則演算で算出できるものですから、ここで確実に苦手意識を払拭してください。

(2) 固定費と採算ラインの関係

ここでお示しした採算ライン(損益分岐点)の考え方は、第2章の1「会計」でもご説明した管理会計の分野の1つになります。つまり、経営内容を考えていくうえでの指標になるわけです。

では、実際には指標として、どのように活用していけばいいのでしょうか。

先ほどの事例を引き続き利用して考えていきます。経営者であるXさんは、自分の介護事業の採算ラインが100万円であることがわかりました。ところが、周辺の介護事業者との競争も激しく100万円を確保することは困難そうです。そこで、給与のカットなどを実施することで固定費を10%削減し月々81万円に抑えることにしました。採算ラインはどのようになるでしょうか？

先ほどの計算を思い出しながら、進めていきます。採算ラインの売上は、固定費÷(1－変動費率)で求められましたから、

81万円÷(1－0.1)＝90万円

です。競争は厳しいですが、90万円の売上を確保できれば採算ラインに達します。

先ほどの**図表5-3**に追記すると以下のグレーで示した部分になります(**図表5-4**)。

図表5-4●固定費の削減

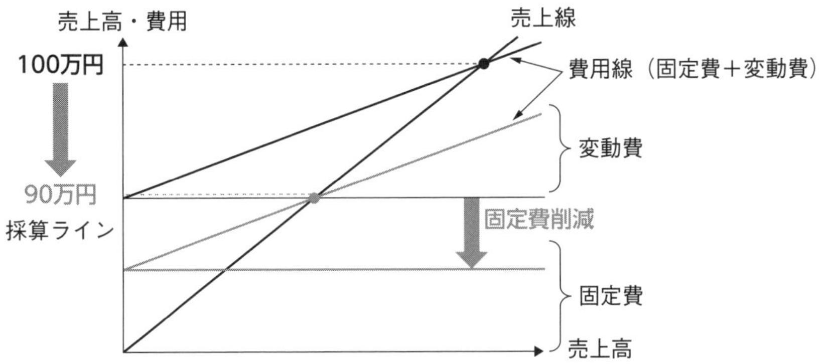

固定費である人件費を節減し、変動費は変わらないとすると、採算ライン(損益分岐点)は低くなるということがイメージしていただけるかと思います。

そして、固定費が増加した場合には、固定費を削減したときとは反対、つまり採算ライン(損益分岐点)が高くなり、売上を伸ばす必要が出てきます(**図表5-5**)。

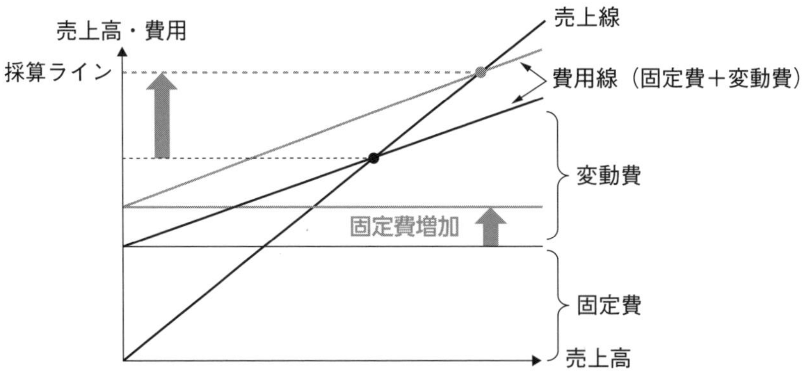

図表5-5●固定費の増加

(3) 変動費と採算ラインの関係

もう1つ事例を見ていきます。

経営者であるYさんは、取引先にお願いして原材料費を今までよりも下げてもらうことができました。その結果、原価率は今までの10%から5%になりました。採算ラインはどのように変化するでしょう。

3回目の登場ですが、採算ラインの売上は、固定費÷(1－変動費率)で求められます。

90万円÷(1－0.05)≒95万円

が採算ラインの売上になります。図で示してみます(**図表5-6**)。

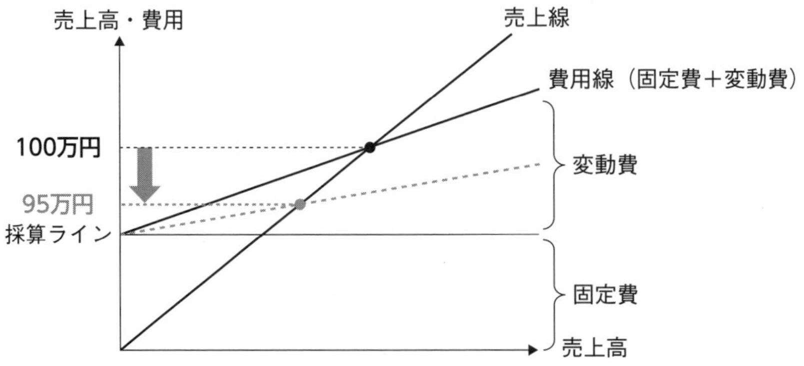

図表5-6●原材料費が下がったときの採算ラインの変化

では、取引先から原材料費の値上げを求められ、原価率が上がってしまうとどうなるでしょうか。原価率が下げられた時とは反対、つまり採算ライン（損益分岐点）は上がることになるでしょう（**図表5-7**）。

図表5-7●原材料費が上がったときの採算ラインの変化

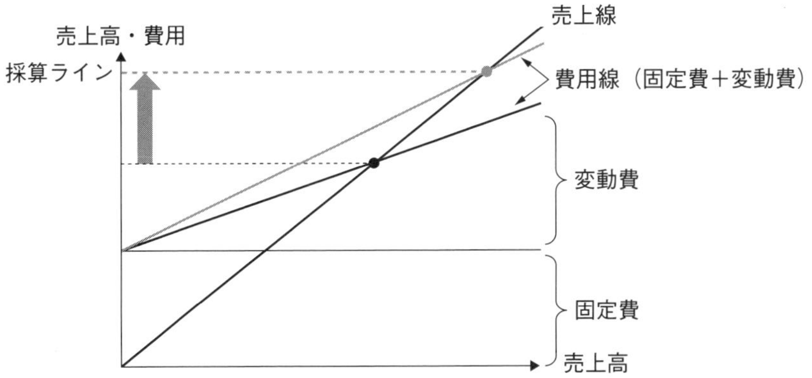

いかがでしょうか？　計算の過程は、順を追っていけばそれほど難しいものではありません。また、今回図でお示ししたように、採算ラインの変化、つまり、固定費を下げたり、変動費率を下げることで採算ラインも下がり、逆に固定費が上がったり、変動費率が上がってしまえば、それだけ採算ラインも上がってしまうのです。

もちろん、固定費にも変動費率にも同時に手を付けて、採算ラインを変化させることも可能です。もう少し具体的にいえば、原材料費を抑え（変動費率を下げ）捻出した資金を、利用者へのサービス拡充のための人員増加（固定費の増加）にまわすなど、さまざまなパターンが考えられるでしょう。

重要なことは、言葉は悪いですが「どんぶり勘定」ではなく、採算ラインの考え方をしっかりと理解して、自社の経営方針を立てるのに役立てていただきたいということです。この部分をしっかりと押さえている介護事業者は、経営も安定しているでしょう。

問題1　介護事業者Cさんの5月の状況は以下のとおりであった。

介護報酬	200万円
固定費（人件費や家賃等の経費）	180万円
原価率（材料費等の変動費）	25％
利用者1人あたりの介護報酬単価	1万円
稼働日数	20日

⑴5月の採算ライン（収支トントンになる売上）の介護報酬はいくらになるか。

⑵5月の採算ラインの介護報酬を確保するためには、1日当たりあと何人の利用者が必要だったか。

⑶原価率は変動しないものとして、5月の固定費がいくらであれば、採算ラインの介護報酬を確保することができたか。

⑷介護報酬、固定費が変動しないものとして、5月の原価率が何％であれば、採算ラインを確保することができたか。

解答 1

(1) **240万円**　(2) **2人**　(3) **150万円**　(4) **10%**

解説 1

(1)採算ラインの売上は　固定費÷(1−変動費率)で求めることができる。従って、

180万円÷(1−0.25)=240万円

(2)採算ラインの売上は(1)から240万円と求められているので、実際の売上である200万円との差額が採算ラインの売上確保に必要となるから、

240万円−200万円=40万円

あと40万円を確保するに当たり、稼働日数は20日、1人当たりの介護報酬単価は1万円となっているので、

40万円÷20日=2万円/日　　2万円÷1万円/人=2人

1日当たりあと2人の利用者が必要であったということになる。

(3)(1)の算式に当てはめて考えてみると、

$X \div (1 - 0.25) = 200$万円

$X = 150$万円となる。

(4)(3)同様に(1)の算式に当てはめて考えてみると

$$180 \div (1 - X) = 200$$

$$X = 0.1$$

つまり、10%の原価率であれば、採算ラインを確保することができたことになる。

第6章

事例研究

1 放漫経営が危機を招いたケース

2 運転資金の準備不足により資金ショート寸前に陥ったケース

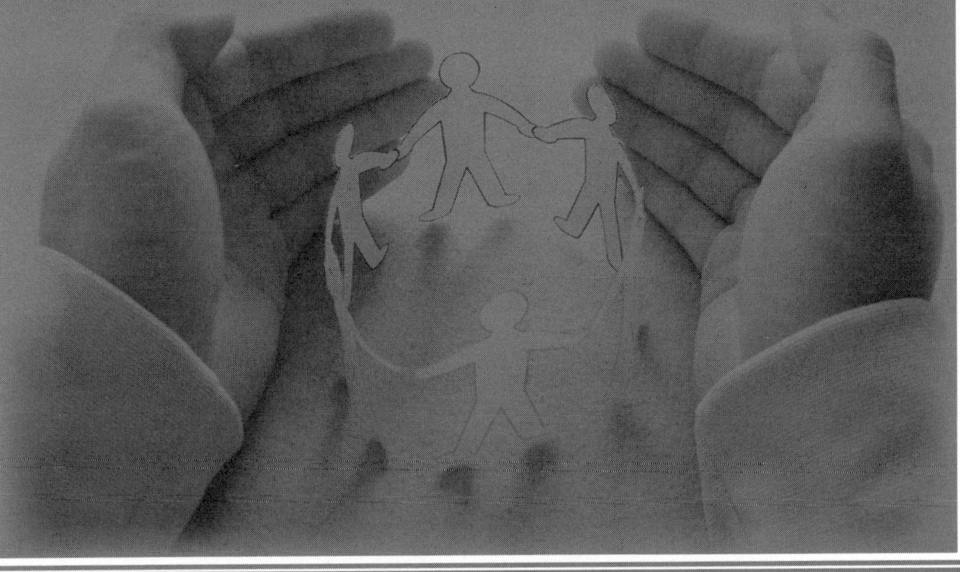

1 放漫経営が危機を招いたケース

1 事例概要

業　種　　：訪問介護事業
業　歴　　：6年
従業員数　：3人
現在の年商：1,500万円（過去の年商：ピーク期2,000万円、ボトム期1,000万円）

2 事例経過

A社は地方の中核都市に位置する訪問介護事業所で、その経営者Bさんは開業以前、別の訪問介護事業所で経理を担当していた方です。

この地域では訪問介護事業所が不足していたこともあり、A社は設立後まもなく軌道に乗り、一時は利用希望者が殺到し、新たな利用希望者が来ても利用を断っていたほどでした。

ところが設立2年を過ぎたころから、少しずつ異変が起こり始めました。既存の利用者からの契約解除が立て続きに発生したのです。それ以前にも、利用者から契約解除の申し入れがなされることはありましたが、すぐに新たな利用希望者が確保できたことから、当初はBさんもさほど大きな問題とは捉えませんでした。しかしながら、利用者が約半数にまで落ち込むに至ったとき、Bさんは事態の深刻さに気づきました。

慌てたBさんが、知り合いの経営コンサルタントに依頼し、原因を調べたところ、A社に関してよくない噂が多数流れていることを知りました。その内容は、「ホームヘルパーが予定の時間になっても来ない」、「ホームヘルパーが明らかに手を抜いた仕事しかしない」といったものが中心でしたが、中には「A社のホームヘルパーは、利用者に対して暴言を吐く」といった信じられないものまで含まれていました。

なぜこのような状態になるまで事態は放置されていたのでしょうか。実はBさんは長年経理を担当してきたため、介護サービスの実務には不慣れであったこともあり、現場はスタッフに頼りきり、任せっきりの状態でした。異変が起きた時期には事務所に顔を出すのも3日に1度程度という有り様で、そのようなBさんの姿勢が、介護職員の勝手な行動を許し、モラルダウンを引き起こしていたのです。

いうまでもないことですが、介護サービスの担い手は人そのものであり、その水準は介護職員などのスタッフのレベルそのものといえます。現場を軽視していたBさんは、結果として大きな代償を払うこととなりました。

現在、Bさんは心を入れ替え、積極的にスタッフと交わるとともに、利用者とも直接触れあうことによって、サービスの向上に努め経営の立て直しを図っているところです。

(1) 意識の切り換え

Bさん自身、開業当初は毎日会社に出ていたようですが、利用者も十分に確保でき、想像していたよりも事業が順調に立ち上がったことで甘えも出て、いつしか出社が2日に1度になり、3日に1度となっていったようです。

とはいえ、Bさんはスタッフではなく経営者なのです。自分の得意な経理面の管理をしっかり進めていればあとはスタッフに任せきりでは、厳しいようですが経営者としては失格といわざるを得ません。

勤務者から経営者へ、意識をしっかりと切り換えることが必要です。

(2) スタッフの管理

スタッフの管理は、勤務時代にはなかなか経験できない分野でもあり、開業された方々の多くが日々頭を悩ませておられます。今回の事例では、Bさん自身が心を入れ換えてスタッフとの交流を積極的に行うことで、数々の問題点は改善されましたが、常に改善が約束されているわけではありません。

利用者への対応改善を求めても、それがきちんと行われなければ経営者として決断をしなければならない場面も出てくるでしょう。もちろんBさんの異変が起こる前の管理状況では、決断の場面でスムーズに対処できていたか疑問は残ります。

A社の事業規模であれば、Bさん自身が年に数回はスタッフに同行して訪問し直接利用者の声を聞いたり、日々のスタッフの様子を見てその変化に注意を払ったりすることは経営者として当然に必要です。

(3) 相談できる専門家

事業が不振に陥った根本的な原因はBさんの対応ですが、利用者の減少等の問題が発生した時に相談をすることができる専門家がいたことはBさんにとって幸運でした。自分1人で解決できることには限度がありますので、問題が発生した時に、客観的な立場でアドバイスを受けられたり、相談ができる知人や専門家がいることは、安定した経営を進めていくうえでも重要なポイントになります。

また、Bさんは知人のコンサルタントの方にいわれた言葉を、今でも忘れないそうです。それは、「スタッフや私のような専門家を信用してもいいが、信頼してはダメだよ」という言葉だそうです。どういう意味か尋ねたところ、「あなたは経営者なのだから、経営者としてスタッフや専門家を信じて能動的に用いることはいいが、スタッフや専門家を信じすぎるあまり頼ってしまい、自分で考えることを放棄してはいけない」という意味だと説明してもらいました。「信用」「信頼」のそもそもの意味とは若干異なるのかもしれませんが、経営者として意識しなければいけないところでしょう。

2 運転資金の準備不足により資金ショート寸前に陥ったケース

1 事例概要

業　種　　：通所介護（デイサービス）事業

業　歴　　：10年

従業員数　：8人

現在の年商：4,200万円

2 事例経過

C社は、市内の中心部の中古住宅を改装し、デイサービスを運営している事業者です。現在は軌道に乗り、資金繰りも順調ですが、開業当初は資金ショートによる倒産の危機を経験しました。

C社の経営者Dさんは、もともと医療法人に事務長として勤務し、同法人が運営する介護事業部門においては責任者の立場にありました。

しかし、同法人の理事長が突然死去し、経営方針についてDさんとは考えを異にする新理事長が就任するなどの状況の変化もあり、退社を決意するに至りました。

そこで、Dさんは介護分野におけるノウハウを生かし、独立開業を決意したのですが、開業の準備期間が短かったこともあり、開業資金は、自分の退職金以外は集めることができませんでした。その退職金も、ほとんどを中古住宅の買取・改装に充当することとなり、運転資金については、開業直前に駐車スペースの追加工事が発生してしまったこともあり、必要経費の1カ月分しか用意することができないまま開業に踏み切ってしまいました。

通常、開業直後から黒字を確保することは難しく、その間の赤字部分の補填や、デイサービスの場合、主たる収入が介護報酬となりますので請求から入金までのタイムラグなどを考慮すると、運転資金はできるだけ確保し、できれば約3カ月～半年分の運転資金を準備しておくことが望ましいと考えられます。第3章で資金繰りの仕組みについて把握されたみなさんであれば、すぐにどのような展開になるか想像がつきますね。

C社は、準備期間が短く利用者への周知が不足したことも影響し開業当初の利用者が計画を大きく下回り、また、スタート当初の運転資金の不足もあり、開業後3カ月目には資金ショートの危機に直面してしまったのです。

その後、C社はDさんの知人から資金援助を受け、また勤務時代の人脈をフルに活かし利用者の確保の目途がついたため、資金ショートを辛くも回避しましたが、もし、追加の資金調達の失敗や、利用者確保のさらなる遅れがあったら、事業の継続は難しかったかもしれません。

(1) 運転資金を確保

Dさんの当初の計画では、ある程度の運転資金は確保できる予定でしたが、従業員用に確保していた駐車場が急遽利用できなくなり、開業直前に駐車スペース拡張の追加工事を行ったため、運転資金が少ないままスタートすることになってしまいました。事例の開業の場合に限らず、どのような事業計画においても、当初予定よりも設備導入にかかる費用がかさんだり、工事が遅れて営業ができなかったりして、運転資金にしわ寄せがいくケースは少なくありません。資金計画にしても、設備計画にしても、スタッフの確保にしても、絶対ということはありません。つまり、計画通りに進まないこともあり得るという前提で、P.36でもふれていますが、運転資金を、ある程度余裕を持って確保しておくことが必要です。

(2) 据置期間の有効活用

金融機関から融資を受ける場合、「元金の据置期間」※2の設定を依頼することが可能です。

例えば、1カ月の元金が20万円として半年据置で120万円、1年据置で240万円分の元金を据置することができます。つまり、運転資金を確保したのと同じ効果を得ることができるのです。

もちろん、運転資金を十分に確保できていれば問題ないのですが、実際は十分に運転資金を確保できないケースも少なくありませんので、元金の据置期間を有効に活用することも1つの方法です。

また、半年の据置期間をする場合でも当初から据置期間が設定されているのと、返済が開始されてから据置期間の設定を求めたものでは、金融機関の評価は180度違います。つまり、前者のケースでは、自分の計画では事業が軌道に乗るまでには半年を要するのでその間は元金の据置期間を設定して欲しいと要望しています。それに対して、後者のケースでは、事業を始めてみたものの、計画通りうまくいかないから半年の間、元金を待ってくれないかと要望しているのです。みなさんはどちらの相談に対応してあげたいですか？　厳しいようですが、後者のケースでは事業計画に対する詰めがしっかりしているとはとてもいえないということになります。金融機関の評価が異なるのも納得して頂けると思います。「元金の据置期間」は、金融機関との相談を進めていくうえで、忘れずに検討することが必要です。

(3) 協力者の確保

P.86で挙げた相談できる専門家以外に、事業への協力者を確保することは重要です。あなたが、進めようとしている事業を理解し支えてくれる身近な家族やスタッフの方、日々の取引の中から信用を得ることであなたに目をかけてくれる方、元の勤務先であなたの独立を応援

※2：据置の期間は利息のみを支払い返済負担を軽減する制度のこと。

してくれる方、さまざまなケースがあります。事例のケースでは、勤務時代の仕事振りを知っていた知人の方が、Dさんが行う介護事業であれば地域の高齢者にとってなくてはならない施設になるはずだと、支援を決めてくれたそうです。

「協力者の確保」とは書きましたが、確保しようとすれば確保できるというものではありません。少し長くなってしまいますが、筆者がご相談に対応してきた経験のなかで、協力者について特に印象に残った事例をお伝えします。

筆者が、会社に入りまだ2～3年目の頃のことです。日本でも有数の、みなさんもよくご存じの市場で卸売業を営む業者さんが、取引先の倒産によって多額の不良債権が発生してしまったため、ご相談にお越しになられました。経営者の傍には、スーツが妙に似合う方がご一緒されていました。いろいろとご相談を進めていくなかで、今後の見通しについてお伺いしたときです。そのスーツ姿の方がおもむろに一枚の名刺を取り出しました。そこには、当時急成長を続けていた大手流通チェーンの名前がありました。そして、「私どもが日本で初めて店舗を出店しようとした時、どの卸売業者の方にも協力を頂くことは難しく、親会社と取引のある卸売業者さんは、親会社の顔色をうかがうような形でやっと取引に応じてくれたような状況でした。市場のなかも同じような状況でした。途方に暮れているなか、こちらの業者さんだけが『何だか面白そうなことを始めるんだな。どこも取引しねえなら、俺のところが取引してやるよ』といって取引を始めてくれました。今回、取引先の倒産でこのような厳しい事態になってしまいましたが、今後については、我々も全力でバックアップをしていきますので、ご検討をよろしくお願いします」と話をされました。経営者の方は、「俺はついてこなくていいといったんだけど、聞かねえんだ」とはにかみながら話されました。

その業者の方は、取引当初、海のものとも山のものとも分からないその大手流通チェーンを、面白いなと思い協力者になったわけです。ところが、その業者の方が不良債権の発生で非常に厳しい経営危機の状況になったその時、この危機を知った大手流通チェーンが経営支援の協力者に名乗りを上げたそうです。

協力者は、だれがどのような形で現れるのか、「協力者の確保」と書いておきながら私にも分かりません。今まで自分が協力していた相手が、立場が変わって自分の協力者になってくれることもあるでしょう。ただ、一生懸命に事業に取り組んでいたり、真摯に取引先に向き合っていたり、利用者や従業員の立場になっていろいろと考えたりしてひたむきに頑張っている事業者には、自然発生的に現れるものなのでしょう。

まとめ

本章で取り上げた2つの事例を見てどのように感じられたでしょうか？「自分は絶対にこんなことはしないから大丈夫」、「自分もうまくいったら、ついつい有頂天になってやってしまうかも…」などの感想や、ポイントとして指摘した以外にも、何かお気づきになられたところがあったかもしれません。

ご紹介した事例は、皆さんからすると極端なものに映るかもしれませんが、程度の違いはありますが決して珍しいケースではありません。介護事業に限ったことではありませんが、経営は「生き物」ですので、時には予期せぬ病気（業況悪化）にかかることもあります。そのための予防（備え）については、いくら準備してもしすぎることはないと思います。また、いざ病気（業況悪化）になってしまった際にかかる医師（専門家や知人など）、いわゆるかかりつけ医を確保しておくことも、予防（備え）と同様に重要な要素でしょう。

備えを万全にし、経営を安定させることで、地域で介護サービスを長く安定して提供することが可能となりますし、利用者の方々にとって一番のサービスとなるはずです。介護事業者としては、「不足の事態に備え、安定したサービスを提供することが一番のサービス」ということを常に意識してください。

　どこに、失敗の罠が潜《ひそ》んでいるかわかりませんので、**図表6-1**に掲げた「経営悪化に陥る主な要因」を参考にしていただき、経営者として日々自社の状況を把握し運営に努めてください。

図表6-1●経営悪化に陥る主な要因

要　因	事　例
過大投資	身の丈を超えた設備投資、借入に依存した設備投資、不要不急の設備投資
放漫経営	不適切な資金管理、不透明な交際費、役員による社外流出
戦略欠如	地域のニーズにマッチしていない事業内容・事業規模
管理欠如	日頃の資金繰りの管理不足、契約書や伝票等の重要書類の紛失
人材欠如	人員基準の未達、ヘルパーの能力不足による顧客離れ
コンプライアンス欠如	介護報酬の不正請求、法令違反による業務改善命令

筆者作成

おわりに

今までの説明のなかにも何度も出てきましたが、最後に介護事業における「事業計画」について具体的なアドバイスも交えて考えてみます。

「事業計画」を考えるうえで、経営環境をしっかりと把握する必要があります。つまり、経営環境は地域によって大きく異なりますので、自社の置かれている状況を的確に把握する必要があるのです。そのためには、①人口動態、②競合状況、③介護保険行政の動向の3点が重要なポイントになります。

(1) 人口動態

介護事業を行う、または行っている地域に利用対象者となる要支援(1～2)、要介護(1～5)の認定者がどのくらいいるかということです。これは、独立行政法人福祉医療機構が運営している福祉・保険・介護の総合情報サイト「WAM NET」(http://www.wam.go.jp/)に情報が掲載されています。これによって、市町村レベルの要支援(1～2)、要介護(1～5)の認定者数を確認することができるのです。さらにこの情報は、過去のデータも掲載されていますので認定者の推移を知ることができます。地域として認定者が増加している地域なのか、減少している地域なのか、はたまた増減のない地域なのかを把握することで、より精緻な需要予測が可能となるのです。

(2) 競合状況

自社または近隣にある同業他社を把握することは、今後の経営戦略を考えるうえでなくてはならないものでしょう。「WAM NET」には、「介護事業者情報」も掲載されており、地域の介護事業者を把握することもできるのです。今後も、高齢化は進んでいき、介護事業者に対する需要も高まっていくものと考えられますので、例えば、異業種からの新規参入も増えてくることになるはずです。同業他社数から始まり、多くの情報を集めることができれば、適切な経営戦略を立てられるはずです。

(3) 介護保険行政の動向

介護事業者にとって、介護保険行政の動向は必ず押さえておかなければならない情報になります。3年1期間として、地方自治体は介護保険事業計画を定めています。人口動態の現状と予測、政策目標、重点課題などが各自治体のウェブサイトには掲載されていますので、有効に活用しましょう。また、都道府県・市町村の介護・福祉担当部署に、当該地域における今後の介護保険事業動向、個別業種の状況を直接確認することも必要かもしれません。該当地域における需要、他の同業施設の稼働状況、新規施設を開設にあたり許認可取得の見込など、聴取のポイントを整理して確認しましょう。

これらのポイントを把握したうえに、ここまでに学んだ知識を加えて「事業計画」を考えていけば、その「事業計画」は実現可能性の非常に高い、金融機関をはじめとした第三者の方に対しても、説得力のある「事業計画」となることでしょう。

MEMO

MEMO

MEMO

MEMO

MEMO

MEMO

● 著者プロフィール

● 著者

戸崎泰史（とざき・やすし）

1971年生まれ。株式会社日本政策金融公庫国民生活事業本部融資企画部。
1993年、法政大学経営学部卒業後、国民金融公庫（現日本政策金融公庫国民生活事業本部）東京支店（現東京中央支店）に入庫。その後複数支店で融資業務を経て、2008年より本店にて営業企画等の業務（営業企画グループリーダー）に携わる。2級ファイナンシャル・プランニング技能士。

江草安彦(えぐさ・やすひこ)

社会福祉法人旭川荘名誉理事長、川崎医療福祉大学名誉学長

1926年生まれ。長年にわたり、医療・福祉・教育に従事、医学博士。旧制広島県立福山誠之館中学校卒業後、岡山医科大学付属医科専門部(現・岡山大学医学部)に進学し、勤務医を経て総合医療福祉施設・社会福祉法人旭川荘の創設に参加、85年より旭川荘の第2代理事長となる。現在は名誉理事長。川崎医療福祉大学学長(～03年3月)、川崎医療福祉大学名誉学長および川崎医療福祉資料館館長(現在に至る)。00年、日本医師会最高優功章受章、01年保健文化賞、06年瑞宝重光賞、09年人民友誼貢献賞など受賞多数。

大橋謙策(おおはし・けんさく)

公益財団法人テクノエイド協会理事長、元日本社会事業大学学長

1943年生まれ。東京大学大学院教育学研究科博士課程修了。日本社会事業大学教授、大学院研究科長、社会福祉学部長、社会事業研究所長、日本社会事業大学学長を経て、2011年より現職。埼玉県社会福祉審議会委員長、東京都生涯学習審議会会長等を歴任。著書に、『地域社会の展開と福祉教育』(全国社会福祉協議会)、『地域福祉』『社会福祉入門』(ともに放送大学教育振興会)、『地域福祉計画策定の視点と実践』(第一法規)、『福祉21ビーナスプランの挑戦』(中央法規出版)ほか。

北島政樹(きたじま・まさき)

国際医療福祉大学学長

1941年生まれ。慶應義塾大学医学部卒。外科学(一般・消化器外科)専攻、医学博士。慶應義塾大学名誉教授。Harvard Medical School、Massachusetts General Hospitalに2年間留学。杏林大学第一外科教授、慶應義塾大学病院副院長、院長、医学部長を経て名誉教授。国際医療福祉大学副学長、三田病院院長を経て国際医療福祉大学学長(現職)。英国王立外科学会、アメリカ外科学会、イタリア外科学会、ドイツ外科学会、ドイツ消化器外科学会、ハンガリー外科学会名誉会員およびポーランド外科学会名誉会員。New England Journal of Medicine、World Journal of Surgery、Langenbeck's Archives of Surgeryなどの編集委員。ブロツワフ大学(ポーランド)、センメルワイス大学(ハンガリー)名誉医学博士。

介護福祉経営士テキスト　実践編Ⅰ－4
介護福祉財務会計
強い経営基盤はお金が生み出す

2012年8月25日　初版第1刷発行

著　者　戸崎泰史
発行者　林　諄
発行所　株式会社　日本医療企画
〒101-0033　東京都千代田区神田岩本町4-14　神田平成ビル
TEL. 03-3256-2861（代）　http://www.jmp.co.jp
「介護福祉経営士」専用ページ　http://www.jmp.co.jp/kaigofukushikeiei/
印刷所　大日本印刷株式会社

 ISBN 978-4-86439-097-2 C3034　定価は表紙に表示しています。

これからの介護・福祉事業を担う経営“人財”

介護福祉経営士テキスト　シリーズ 全21巻

総監修

江草 安彦 社会福祉法人旭川荘名誉理事長、川崎医療福祉大学名誉学長

大橋 謙策 公益財団法人テクノエイド協会理事長、元日本社会事業大学学長

北島 政樹 国際医療福祉大学学長

【基礎編Ⅰ】テキスト（全6巻）

1	**介護福祉政策概論** ——施策の変遷と課題	**和田　勝** 国際医療福祉大学大学院教授
2	**介護福祉経営史** ——介護保険サービス誕生の軌跡	**増田雅暢** 岡山県立大学保健福祉学部教授
3	**介護福祉関連法規** ——その概要と重要ポイント	**長谷憲明** 関西国際大学教育学部教授・地域交流総合センター長
4	**介護福祉の仕組み** ——職種とサービス提供形態を理解する	**青木正人** 株式会社ウエルビー代表取締役
5	**高齢者介護と介護技術の進歩** ——人、技術、道具、環境の視点から	**岡田　史** 新潟医療福祉大学社会福祉学部准教授
6	**介護福祉倫理学** ——職業人としての倫理観	**小山　隆** 同志社大学社会学部教授

【基礎編Ⅱ】テキスト（全4巻）

1	**医療を知る** ——介護福祉人材が学ぶべきこと	**神津　仁** 特定非営利活動法人全国在宅医療推進協会理事長／医師
2	**介護報酬制度／介護報酬請求事務** ——基礎知識の習得から実践に向けて	**小濱道博** 介護事業経営研究会顧問
3	**介護福祉産業論** ——市場競争と参入障壁	**結城康博** 淑徳大学総合福祉学部准教授 **早坂聡久** 社会福祉法人柏松会常務理事
4	**多様化する介護福祉サービス** ——利用者視点への立脚と介護保険外サービスの拡充	**島津　淳　　福田　潤** 桜美林大学健康福祉学群専任教授

【実践編Ⅰ】テキスト（全4巻）

1	**介護福祉経営概論** —— 生き残るための経営戦略	**宇野　裕** 日本社会事業大学専務理事
2	**介護福祉コミュニケーション** —— ES、CS 向上のための会話・対応術	**浅野　睦** 株式会社フォーサイツコンサルティング代表取締役社長
3	**事務管理／人事・労務管理** ——求められる意識改革と実践事例	**谷田一久** 株式会社ホスピタルマネジメント研究所代表
4	**介護福祉財務会計** ——強い経営基盤はお金が生み出す	**戸崎泰史** 株式会社日本政策金融公庫国民生活事業本部融資部専門調査役

【実践編Ⅱ】テキスト（全7巻）

1	**組織構築・運営** ——良質の介護福祉サービス提供を目指して	**廣江　研** 社会福祉法人こうほうえん理事長
2	**介護福祉マーケティングと経営戦略** ——エリアとニーズのとらえ方	**馬場園　明** 九州大学大学院医学研究院医療経営・管理学講座教授
3	**介護福祉 IT システム** ——効率運営のための実践手引き	**豊田雅章** 株式会社大塚商会本部 SI 統括部長
4	**リハビリテーション・マネジメント** —— QOL 向上のための哲学	**竹内孝仁** 国際医療福祉大学大学院教授／医師
5	**医療・介護福祉連携とチーム介護** ——全体最適への早道	**苛原　実** 医療法人社団実幸会いらはら診療所理事長・院長
6	**介護事故と安全管理** ——その現実と対策	**小此木　清** 弁護士法人龍馬　弁護士
7	**リーダーシップとメンバーシップ、モチベーション** ——成功する人材を輩出する現場づくりとその条件	**宮野　茂** 日本化薬メディカルケア株式会社代表取締役社長

※タイトル等は一部予告なく変更する可能性がございます。